SIRUS

Heinrich Jordis von Lohausen
Gerhard Hubatschek
Horst Groepper

4

CIP-Kurztitelaufnahme der Deutschen Bibliothek

Jordis von Lohausen, Heinrich Frhr.:
Zur Lage der Nation/Heinrich Jordis von
Lohausen; Gerhard Hubatschek; Horst Groepper.
— Krefeld: SINUS-Verlag, 1982.
(Schriftenreihe edition d; Bd. 4)
ISBN 3-88289-204-8
NE: Hubatschek, Gerhard:; Groepper, Horst:; GT

Herausgegeben in Zusammenarbeit mit dem
Verein zur Förderung kultur- und sozialwissenschaft-
licher Publizistik und Bildung e.V.

© SINUS-Verlag GmbH, Krefeld 1982
Alle Rechte vorbehalten
Umschlag: W. Prangenberg, Grafik und Design, Bonn
Satz und Druck: Stammes KG, Tönisvorst
Printed in Germany
ISBN 3-88289-204-8

Inhalt

Zur Lage der Nation
Einleitung von Harald Rüddenklau 10

Überleben im Licht der Geopolitik
von Heinrich Jordis von Lohausen

I. Raum und Lage
    Geopolitik und Psychopolitik 19
    Ausrotten oder Unterwerfen 20
    Raum als Monopol 21
    Lage ist Schicksal 22
    Defensive und offensive Stärke 24
    Achsenkreuz und Weltknotenpunkt 25

II. Charakterwäsche
    Die neue Klasse 26
    Tiefpunkt Ostverträge 27
    Rußland, nicht Polen 28

III. Zwischen den Großräumen
    Europäische Sicherheit 31
    Die arktische Großmacht 33
    Ein deutsches Erbe 34
    Drei Monopole 35
    Abschreckung und Erpressung 37
    Strategie der Entspannung 38

IV. Die Frage des Überlebens
    Carters Botschaft 39
    Atomstrategie und Bündnistreue 40
    Gallois' These 42
    Der Weg über Moskau 43
    Lieber rot als tot 43
    Deutsche Trümpfe 44
    Gottes Mühlen mahlen langsam 46
    Flucht ins Bündnis 48
    Waffe ohne Gnade 49
    Das gemeinsame Boot 50

Deutschland und die militärstrategische Lage
von Gerhard Hubatschek

Vorbemerkung zur wehrpsychologischen Lage 51
Das Gleichgewicht der Kräfte
als Fundament der Sicherheit? 53
Die Ersatztheorie von der „Symmetrie der Sicherheit" 56
Die sowjetische Auffassung vom Krieg
und der Funktion militärischer Macht 61
Die Grundzüge sowjetischer Politik 65
Die geopolitischen und geostrategischen Bedingungen .. 68
Nukleare Macht als Ersatz für Divisionen? 72
Von Stalins Dogmen zu
Chruschtschows Raketenstrategie 78
Sicherheit durch „abgestufte
Abschreckung" und Entspannung? 84
Breschnews Strategie der umfassenden Überlegenheit .. 91
Die Entwicklung der militärischen
Optionen als Kehrseite der Entspannung 96
Politik ohne Wille zur Macht? 110
Anmerkungen 116

Deutschland und Europa
von Horst Groepper

I. Das Ziel der Untersuchung 117
II. Die Deutsche Einheit — noch nationales Ziel? 118
III. Die Westeuropäische Integration und ihr Einfluß auf
    das Anliegen der Wiedervereinigung Deutschlands .. 121
    1. Die Argumente für die Integration 121
        a) Die überholte Form des Nationalstaats 122
        b) Die „eine Stimme" Europas 123
        c) Wirtschaftliche und soziale Gründe 124

     d) Unsere Zugehörigkeit zum Westen 125
     e) Unsere supranationale Tradition 125
     f) Schutz vor uns selbst 127
   2. Die Vereinbarkeit von Integration und Wiederver-
     einigung in der Sicht der Regierungen Adenauer . 127
   3. Die angestrebte Westintegration der Bundes-
     republik — ein in Wahrheit unüberwindliches
     Hindernis für die Wiedervereinigung 129
     a) Die Interessenlage der Sowjetunion 129
     b) Die Haltung des Westens 133
     c) Der Plan des „größeren Europa" 137
     d) Der Plan einer „Gesamteuropäischen
        Konföderation" 138
     e) Der Verlust des außenpolitischen
        Handlungsspielraumes 139
     f) Die Verfestigung des östlichen Zusammen-
        schlusses unter der Hegemonie der Sowjetunion 140
     g) Die „Anziehungskraft" Europas 144
   4. Ergebnisse 144
IV. Die Frage der Vereinbarkeit von Westintegration
    und Wiedervereinigung im Urteil von Regierung und
    Parteien und ihr Einfluß auf die weitere Ausrichtung
    der deutschen Politik 146
   1. Die Ansicht des Auslands 146
   2. Die Meinung deutscher Politiker 147
   3. Anhörung Prof. Dahrendorfs
     im Deutschen Bundestag 150
   4. Die Reaktion auf die Anhörung 151
V. Die Folgen des Festhaltens
    an der Integrationspolitik 157
VI. Rückblick und Ausblick 164
    Anmerkungen 174

Zur Lage der Nation

Einleitung von Harald Rüddenklau

> *Motto:*
> *Wenn es nicht bloß ein Elend mit dem andern*
> *vertauscht soll haben, muß das arme Land von*
> *Freund und Feindes Geißel gleich befreit sein*
>
> Schiller, die Piccolomini

Napoleon wird das Wort zugeschrieben, gegen die Geographie könne man keine Politik betreiben; und wie die Geschichte lehrt, zeichnet auch tatsächlich der Raum die Entwicklungslinie eines Volkes in vielen Grundzügen vor. Was aber der Mensch aus diesen Naturgegebenheiten zu machen oder nicht zu machen weiß, hängt weitgehend von seiner eigenen seelischen Veranlagung und Verfassung ab. Denn nicht der Raum allein entscheidet über das Geschick der Völker und Staaten, sondern auch der Geist, der ihnen innewohnt. Die Frage des Behauptungswillens und der Gestaltungskraft aller um einen Raum ringenden Kräfte bildet den sicheren Maßstab des Schicksals, an dem die Geschicke der einzelnen Völker gemessen werden.

Unter allen europäischen Völkern war das deutsche Volk seit den Tagen seines Eintritts in die Geschichte in besonderer Weise den Problemen des Raumes ausgesetzt. Seine zentrale Lage auf dem europäischen Kontinent wirkte sich als Herausforderung schwierigster Art aus: Das deutsche Volk war zur Entfaltung seines nationalen Lebens in stärkerem Maße als andere europäische Völker auf den Schutz nach außen angewiesen. Denn eine Zentrallage ist ein virtueller Gestaltungsmittelpunkt und bedingt dadurch das Bestreben imperialer Randmächte ihn selbst zu beherrschen, zumindest aber auszuschalten.

Das mittelalterliche Deutschland erhob selbst einen kontinentalen, und das hieß damals universalen Ordnungsanspruch durch die Übernahme des Römischen Kaisertums. Unter bewußter Rezeption der klassischen römischen Weltreichsidee hatte sich seit der Mitte des 9. Jahrhunderts der Gestaltungsschwerpunkt Europas auf die deutschen Stämme verlagert; die Rechtmäßigkeit und der Anspruch wurden dabei vom römischen Christentum bezogen. Das deutsche Volk wurde damit für Jahrhunderte Träger und Vollstrecker einer europäischen Ordnung, die im Heiligen Römischen Reich deutscher Nation ihren Ausdruck fand. Der Träger dieser Ordnung war allein das deutsche Volk, sein Anspruch hingegen war universal. Das Reich überdauerte die niemals gelöste Krise seiner Legitimität, den Investiturstreit zwischen Papsttum und Kaisertum, zwar um Jahrhunderte, jedoch verzehrten die Folgen dieser immer wiederaufbrechenden Wunde die Kräfte des Reiches. Bestimmte Randgebiete Europas konnten deshalb überhaupt nie gestaltend durchdrungen werden, und andere wiederum waren nur für kurze Zeit der Ordnung des Reiches eingefügt. Es waren das französische und das englische Volk, die sich am frühesten von der Einheit der abendländisch-christlichen Völkergemeinschaft, dem „unum corpus cristianum" lösten und in der Form der nationalen Monarchie eine Sonderstellung oder gar, wie in dem Titel des französischen Königs „vicarius dei" zum Ausdruck gebracht, einen Konkurrenzanspruch zum römischen Kaiser geltend machten. Das Bündnis des französischen Königs mit den ungläubigen Türken gegen das Heilige Römische Reich Anfang des 16. Jahrhunderts war mit das erste Zeichen, durch das die Idee der Einzelnation höher gestellt wurde als der christliche Nomos des Kontinents. Zwangsläufig richtete sich das Interesse der losgelösten politischen Randgebilde Europas auf die politische Mitte des Kontinents, nämlich Deutschland, weil von dort, wenn auch bald nur noch als leerer Anspruch, die legitimen Kraftlinien ausgingen. Die erlahmenden zentrifugalen Kräfte des Reiches wichen den erstarkenden zentripitalen der sich emanzipierenden Völker. Ein Grund lag vor allem darin, daß der schwärende Dauerkonflikt zwischen Papsttum und Kaisertum infolge der Eigenheiten des deutschen Wahlkönigtums zur fortschreitenden Erosion der Königsmacht führte und die Territorialisierung des Reiches nach sich zog. Äußere Angriffe gegen Kaiser und Reich überlagerten sich bald mit inneren. Die Reichsreformbestrebungen des 15. und 16. Jahrhunderts endeten nicht in der Reformation des Reiches an „Haupt und Gliedern", sondern in einer Kirchenspaltung, die die deutsche Nation selbst zerriß. Der endgültige Niedergang des Reiches vollzog sich im Dreißigjährigen Krieg; und über den ihn abschließenden Frieden von Münster und Osnabrück konnte der französische Historiker Rotlan schreiben: „La paix de Westphalié qui a fait la France et défait l'Allemagne." Ausländische Mächte geboten fortan in Deutschland, und wenngleich das Reich noch bis 1806 als Summe tausender sinnentwichener Rechte und machtloser Formen, als „politisches Monstrum" (Pufendorf) weiterlebte, so war es doch praktisch in souveräne Staaten zerfallen.

Während die Positionen des Reiches im Westen seit dem Spätmittelalter mehr und mehr versanden und Frankreichs Vordringen den Rhein erreichte, konnte das Deutschtum im Südosten und Nordosten des Reiches sogar gestärkt werden. Es ist das objektive Verdienst zweier deutscher Fürstengeschlechter, der Habsburger und der Hohenzollern, die vom alten deutschen Kolonialboden aus, von Östereich und Brandenburg, von Wien und Berlin, die deutsche Siedlung im Osten sicherten, festigten und erweiterten.

Hand in Hand mit der allmählichen Aushöhlung des Reiches bildete sich seit dem 17. Jahrhundert das „europäische Staatensystem". In scharfem Dualismus gegeneinander kämpfend gehörten ihm seit dem 18. Jahrhundert zwei deutsche Großmächte an, Preußen und Österreich, dessen Monarchie zugleich alle legitimen Titel des Reiches besaß. Seit der Brechung schwedischer Macht im Nordischen Krieg wurde Rußland durch seine europäische Nachbarschaft und Politik ebenso Bestandteil dieses Systems wie schon zuvor die andere Flügelmacht des Kontinents, England.

Seit dem Verlust seiner kontinentalen Besitzungen im Hundertjährigen Krieg mit Frankreich formte England, bedingt durch seine insulare Position und seine ozeanischen Interessen, ausschließlich negative Zielsetzungen in Bezug auf die Gestaltung des europäischen Kontinents: die Ausschaltung transozeanischer Konkurrenten und die Verhinderung der Vormacht eines einzigen europäischen Staates. Dieses Prinzip des „Gleichgewichts der Kräfte" wirkte sich angesichts der politischen Zerrissenheit Deutschlands solange zu seinen

Gunsten aus, solange es die „prépondérance légitime de la France" verhinderte — wie im 18. Jahrhundert — oder mitbeseitigte, wie durch die Zerschlagung des napoleonischen Imperiums. Die alte Weise, in wechselnden Koalitionen die virtuell oder tatsächlich stärkste europäische Macht zur Sicherung der kontinentalen Flanke Britanniens niederzuringen, konnte überhaupt erst dann dem deutschen Volk gefährlich werden, wenn es seine nationale Einheit wiedergefunden haben würde.

Auf dem Wege dazu war das deutsche Volk in Rückbesinnung auf seine große und freie Vergangenheit seit der Wende vom 18. zum 19. Jahrhundert; das niederdrückende Erleiden einer Fremdherrschaft und das gemeinsame Erlebnis des Befreiungskampfes brachen einem neuen deutschen Nationalgefühl Bahn. Allerdings brachten die Befreiungskriege zunächst das Gegenteil des Ersehnten und Erkämpften, nämlich eine ins 18. Jahrhundert zurückgewandte Restauration des deutschen Staatensystems einschließlich des preußisch-österreichlichen Dualismus, und dies auf einer volksfeindlichen, quasi absolutistischen Grundlage. Der Deutsche Bund, wie sich die Fürstenkonföderation ohne Volksvertretung nannte, hatte zudem drei ausländische Souveräne, die Könige von Holland, von Dänemark und von Großbritannien zu Mitgliedern. Daß es nach unsäglichen Mühen und noch größeren Enttäuschungen letztendlich doch noch eine Lösung der nationalen Probleme gab, war das Werk Bismarcks. Seine spezifische Antwort lag darin, daß er Preußen (erneut) an die Spitze der Nationalbewegung stellte, den österreichisch-preußischen Dualismus durch das gewaltsame Hinausdrängen der Habsburger Monarchie aus Deutschland entschied und im Sieg von 1871 der jahrhundertelangen französischen Dauerintervention in die inneren Belange Deutschlands ein Ende bereitete. Der Bismarckschen Staatskunst gelang es in der entscheidenden Phase der Reichsgründung sowohl die britische Politik gegen Frankreich einzunehmen, als vor allem auch durch die Alvenslebensche Konvention — preußische Unterstützung der russischen Beruhigung Polens —, der im übrigen die Neutralität Preußens im Krimkrieg vorangegangen war, die russische Nichteinmischung und wohlwollende Duldung der Wiedererrichtung eines deutschen Reiches zu erzielen. Der Zweibund von 1879 mit Österreich — den Bismarck als Verfassungsbündnis ausgestaltet wissen wollte — sollte den Ausschuß der Deutschen in der Habsburger Monarchie aus dem Verband des neuen Reiches soweit wie möglich kompensieren und die Schicksalsgemeinschaft aller Deutschen erneuern. Das Bismarckische Reich beruhte nicht auf einer gesamteuropäischen, deutschen Zielvorstellung oder gar auf einer europäischen Gestaltungsidee, sondern auf der Macht des deutschen Reiches und einer bündnismäßig versuchten Austarierung der Interessen europäischer Mächte. Im berühmten Kissinger-Diktat von 1877 formulierte Bismarck das außenpolitische Grundgesetz für die Wohlfahrt des Reiches, wie es ihm vorschwebte: „Nicht das irgendeines Ländererwerbes, sondern das einer politischen Gesamtsituation, in welcher alle Mächte außer Frankreich unser bedürfen, und von Koalitionen gegen uns durch ihre Beziehungen zueinander nach Möglichkeit abgehalten werden." Den Schlußstein des Bündnisses bildete ohne Zweifel der Rückversicherungsvertrag mit Rußland. Seine Nichtverlängerung nach 1890 erwies sich von folgenschwerer Konsequenz; es verkehrte den Zweck des Bündnissystems. Ging es Bismarck um die Verhinderung eines europäischen Konflikts durch Bündnisse, so ging es seinen Nachfolgern um die Führbarkeit eines Krieges im Konfliktfall mittels Bündnissen. Die nächste Folge der Entlassung Rußlands aus der vertraglichen Bindung war dessen Hinwendung zu Frankreich und die Entstehung der französisch-russischen Allianz. Deutschland war damit in West und Ost derselben feindlichen Gruppierung ausgesetzt, die jedoch erst durch den Beitritt Großbritanniens und deren gezielte Einkreisungspolitik zur tödlichen Gefahr für das Reich wurde. Denn Großbritannien unterstellte Deutschland aufgrund aller imperial relevanten Faktoren Hegemonialmöglichkeiten — und Absichten. Ohne die Sicherungen, die Bismarck schon für die Reichsgründung selbst als unerläßlich angesehen hatte, nämlich den „Draht nach Petersburg", mußten die deutschen Staaten in der Mitte Europas gegen alle kämpfen, die anderen Mächte Europas und seit 1917 auch gegen die USA. Es half wenig, daß sich die Stärke des wieder vereint kämpfenden deutschen Volkes als so gewaltig erwies, daß ohne die erste gewalttätige Intervention der raumfremden Nordamerikaner auf dem europäischen Kontinent das deutsche Reich sich gegen „eine Welt von Feinden" hätte behaupten können. Die USA mit ihren unbegrenzten Resourcen gaben zuletzt den Ausschlag. Die traten konsequent in die Fußstapfen der Engländer, von denen sie auch gerufen wurden. Ihr europäisches Ziel war negativ; eben die Ausschaltung hegemonialer Möglichkeiten Deutschlands. Doch statt gemäß den „Vierzehn Punkten" des amerikanischen Präsidenten Wilson eine Friedensordnung durchzusetzen, die auch der entscheidenden Verantwortung der USA für den Sieg der Entente-Mächte entsprochen hätte, zogen sie sich bald wieder politisch aus Europa zurück und überließen dem „ausgebluteten, todtraurigen Frankreich" (Golo Mann) die Gestaltung der Nachkriegsordnung. Frankreich konnte seine durch diese Art von Sieg gewonnene Vormachtstellung gegenüber Deutschland nur dann behaupten, wenn das Prinzip der Selbstbestimmung der Völker dem deutschen Volk vorenthalten blieb. Zumal es auf der Hand lag, daß sich für das deutsche Volk nach der von den alliierten Mächten herbeigeführten Zertrümmerung der k.u.k. Monarchie die kleindeutsche Beschränkung, die Bismarck ihm aus Gründen der europäischen Gesamtordnung auferlegt hatte, nun erübrigte und das ältere, großdeutsche Ziel in Verwirklichung der Selbstbestimmung wieder aufgenommen wurde. Dies allein drohte den Sieg Frankreichs in das Gegenteil zu verkehren; der Anschluß der Deutschen Österreichs wurde untersagt; nicht einmal der Name Deutsch-Österreich blieb statthaft. Natürlich ließ sich das Selbstbestimmungsrecht der Völker nur dann dem deutschen Volk vorenthalten, wenn es dieses Recht verwirkt hätte. Dieser Behauptung diente der Kriegsschuldartikel des Versailler Diktats und die entsprechenden Bedrängungen in der sog. Mantelnote. Das deutsche Volk wurde kriminalisiert. Ein französisch geführtes Staatensystem zu Lasten Deutschlands sollte den Besiegtenstatus der Deutschen zur europäischen Dauereinrichtung machen. Die zu diesem Zweck neu geschaffenen Staaten dienten dabei entweder wie Polen als dankbarer Ersatz für das durch die Revolution von 1917 erst einmal als Bundesgenosse gegen Deutschland ausgefallene Rußland und zugleich durch die jedem Selbstbestimmungsrecht hohnsprechende Abtrennung deutscher Gebiete der territorialen, bevölkerungsmäßigen und wirtschaftlichen Schwächung Deutschlands; oder aber wie das gekünstelte Gebilde der Tschechoslowakischen Republik der Verhinderung jeglicher mitteleuropäischen Friedensordnung, die nach Lage aller relevanten Verhältnisse nur eine überwiegend deutsche hätte sein können. Alle politischen Kräfte der Weimarer Republik kämpften für die Revision von Versailles. Und nicht minder waren die Deutschen in Österreich und jenseits der Grenze unter polnischer und tschechischer Herrschaft nicht bereit, sich mit ihrer nationalen Unfreiheit auf Dauer abzufinden. Es war, wie der Publizist Fritz Klein 1931 schrieb, ein einfacher Gedanke, der alle, die ganze deutsche Nation bewegte: „Sie faßt es nicht und wird es niemals fassen, daß der von einer deutschen Mutter Geborene geringeren Rechtes sein soll als der Pole oder Serbe!" Die Weimarer Republik blieb in ihrer Revisionspolitik im Gegensatz zur folgenden nationalsozialistischen Ära, die Konzession um Konzession von den Versailler Diktatmächten vorweisen konnte, ohne durchgreifenden Erfolg. Wie der Versailler Vertrag die permante Schwächung Deutschlands zum Ziel gehabt hatte, so bedeutete natürlich ipso facto jede gelungene Revision umgekehrt eine machtpolitische Stärkung. Frankreich war in den dreißiger Jahren schwach, und Großbritannien stellte sich einem Ausgleich mit Deutschland solange nicht in den Weg, solange es allein stand. Das Abkommen von München war insofern der letzte rein europäische Vertrag, weil er ohne die direkte oder indirekte Einflußnahme der USA und der Sowjetunion zustande kam. Doch seit 1937, seit dem endgültigen Scheitern des Rooseveltschen New Deal-Programms, begannen sich die USA allmählich wieder europäischen Problemen zuzuwenden und eine drohende Frontstellung gegen Deutschland und Italien, die „autoritären Staaten" einzunehmen. Damit gewannen auch in England die antirevisionistischen Kräfte neuen Rückhalt und Auftrieb. Danach bedeutete jeder weitere außenpolitische Erfolg des Deutschen Reiches, daß sich zugleich die unheilvollen Schatten einer Deutschland einkreisenden Allianz verdüsterten. Die unerträglichste Schöpfung des Versailler Vertrages, die „Freie Stadt Danzig" und der polnische Korridor, mit die legitimsten aller Revisionsziele wurden zum kriegsauslösenden Stolperdraht, der unangetastet bleiben mußte. Vielleicht hätte der deutsch-sowjetische Vertrag von 1939 eine Sternstunde in den Beziehungen seiner Staaten sein können, wenn man in ihm eine historische Perspektive gesehen hätte oder hätte sehen können; nämlich eine auf Dauer angelegte Koalition, um durch eine grundlegende Aufhebung aller anglo(-amerikanischen) Einkreisungsmöglichkeiten den europäischen Frieden und die Wohlfahrt des Reiches zu gewährleisten.

Doch die politische Führung sah im Zustandekommen des Vertrages im Grunde genommen dasselbe wie ihre Vorgängerin in den neunziger Jahren in der Nichtverlängerung des Rückversicherungsvertrages: damals die — vermeintliche — Beseitigung der Furcht, einen unersetzbaren Bundesgenossen (Österreich-Ungarn) zu verlieren, diesmal die — vermeintliche — Befreiung vom Alptraum einer Einreihung Rußlands in die Westmächtliche Frontstellung. Schlimmer noch, man erblickt in dem Vertrag das probate Mittel, die britische Position in Polen nunmehr mit Gewalt zum Einsturz bringen zu können. Der Vertrag verhinderte bekanntlich nicht die dem deutschen Angriff auf Polen folgende britische Kriegserklärung. Noch fataler für die Lage des Reiches erwies sich freilich die Tatsache, daß Großbritannien wegen derselben Verletzung der territorialen Integrität Polens der Sowjetunion den Krieg *nicht* erklärte. Für das Reich wurde damit der erhoffte Nutzen aus dem Vertrag fast ins Gegenteil verkehrt. Sie machte aus den Vertragspartnern ungleiche: die Sowjetunion blieb koalitionsfähig, das Deutsche Reich war es nicht mehr. Sicherlich war dies eine — zu späte — Belehrung über die Unbedingtheit des britischen Vernichtungswillens. Ihn in seiner Totalität unterschätzt und die eigenen Möglichkeiten überschätzt zu haben, erwies sich im Nachhinein als wohl verhängnisvollster Fehler der deutschen Regierung. Da es nicht gelang, den wechselseitig ausgeweiteten Krieg militärisch zu entscheiden, bevor die unermeßliche materielle Überlegenheit der USA auf der Feindseite wirksam wurde, geriet das Deutsche Reich bald in dieselbe strategische Auswegslosigkeit wie zuvor im Ersten Weltkrieg. Die zweite Intervention der USA auf dem europäischen Kontinent brachte schließlich den Sieg der Sowjetunion über das Deutsche Reich, die Aufteilung Europas in die Interessensphären der USA und der Sowjetunion und damit die Auslieferung eines vom deutschen Volk getragenen Reiches in Mitteleuropa, die Abtrennung der deutschen Ostgebiete einschließlich des Sudetenlandes, die Vertreibung bzw. Liquidierung der dortigen deutschen Bevölkerung, die erneut erzwungene Absonderung der Deutschen Österreichs und zuletzt die Aufteilung des restlichen Deutschland in vier Besatzungszonen, und damit die Präsenz der USA an der Elbe/Werra-Linie.

Bereits wenige Jahre nach dem Krieg ergab sich durch den unaufhaltsamen Zerfall der bis dahin gemeinsamen Besatzungspolitik eine zunehmende Teilung dieses deutschen Restes in West und Ost. Vier Jahre nach der militärischen Kapitulation der Wehrmacht des Deutschen Reiches wurden von den Besatzungsmächten deutsche Staaten auf ihrem jeweiligen besetzten deutschen Territorium ins Leben gerufen, die Bundesrepublik Deutschland auf dem Gebiet der drei westlichen Besatzungszonen, die DDR in der Sowjetzone. Wegen des damals in der deutschen Bevölkerung noch verankerten Nationalgefühls mußten sich beide Staaten aus Gründen der Legitimität und Solidität auf „ganz Deutschland" beziehen — soweit es die Siegermächte als Ausgangspunkt von Aufteilung und Besatzung definiert hatten, und das waren die Grenzen des Reiches vom 31.12.1937, bzw. für die DDR die „Oder-Neiße-Friedensgrenze".

Dies ist der geschichtliche Ausgangspunkt der drei folgenden Beiträge. Sie befassen sich unter verschiedenen Aspekten, nämlich der *Raumfrage,* der *Sicherheitsfrage* und der *Gestaltungsfrage* mit einem einzigen Problem. Es ist die alte, aber auch heute leider wieder aktuelle Frage, auf welche Weise denn unser deutsches Volk seine Einheit und Freiheit wiedererlangen und behaupten kann. Heute ist diese Schicksalsfrage drängender denn je. Noch niemals in seiner Geschichte war das gesamte deutsche Volk so lange Zeit so unfrei wie in unserer Zeit; nun schon über siebenunddreißig Jahre seit dem Ende des Zweiten Weltkrieges. Aber auch noch niemals in unserer Geschichte wurde durch die widerstreitenden Interessen fremder Mächte in Deutschland die Existenz des deutschen Volkes so bedroht wie heute — sieht man vom Dreißigjährigen Krieg ab, der Zweidrittel des deutschen Volkes das Leben gekostet hatte.

Heinrich Jordis von Lohausen

Überleben im Licht der Geopolitik

I. Raum und Lage
Geopolitik und Psychopolitik*)

Die Erkenntnis, daß Politik zuerst und von allem Anfang an ein Kampf um Raum ist, ein Kampf um die Basis, um Platz — Platz, um überhaupt da sein zu können — und, daß Platz zu haben das Alpha und Omega allen Lebens darstellt, und Politik treiben, Wirtschaft treiben, Handel treiben, nicht anderes heißt als solchen Platz zu gewinnen, ihn zu bewahren, ihn auszugestalten und zu erweitern, auf keinen Fall ihn aber preiszugeben, diese Erkenntnis war in Deutschland über lange Zeit hin verdrängt. Allein das Wort Geopolitik schon galt als verwerflich.

Was eigentlich aber ist Geopolitik? Nennen wir Psychopolitik jedes Betreiben von Politik im Hinblick auf die Eigenheiten der menschlichen Natur, dann ist Geopolitik folgerichtig das gleiche im Hinblick auf den irdischen Raum. Die beiden sind zwei Seiten einer Medaille, Erdoberfläche und menschliche Seele die beiden Schlachtfelder der Weltpolitik. Es gibt keine anderen. Was psychopolitisch erstritten wurde, muß geopolitisch abgesichert und festgehalten werden und umgekehrt.

Beides bedarf einer entsprechenden Strategie. Auch Psychostrategie und Geostrategie sind Zwillinge. Für beide gilt: Die Politik setzt die Ziele, die Strategie setzt sie durch. Sie überwindet die Widerstände. Sie erzwingt den Rückzug des Geg-

---

*) Dieses und die folgenden 5 Kapitel sind dem Werk des Verfassers „Mut zur Macht", Leoni, 1980, entnommen.

ners. Stets aber ist Rückzug, wo nicht bloße Kriegslist, da ein Zeichen geschwundener Macht. Denn Macht ist gleichbedeutend mit Ausdehnung:
— wirtschaftlich über die Märkte,
— geistig über die Seelen,
— militärisch über Länder und Meere,
— politisch über alle drei.

Es gibt keine Macht ohne Raum, keinen Staat ohne Gebiet. Je größer dieses Gebiet, umso mehr fällt einem Staat zu an Rohstoffen, an Handelswegen, an Stützpunkten, desto unabhängiger wird er durch sie, desto abhängiger werden andere von ihm. Mehr Raum bedeutet mehr Nahrung, mehr Bewegungsfreiheit, mehr Platz für die eigenen Leute und weniger für andere, in der Folge mehr Freiheit, mehr Möglichkeiten, mehr Zukunft.

Der Weitsicht im Räumlichen verschwistert ist gleiche Weitsicht auf der Linie der Zeit, dem Denken in Kontinenten das Denken in Jahrhunderten.

Alle Zukunft wurzelt in Vergangenem. Bereits die Völkerwanderung bestimmte — im Keim — die heutige Aufteilung der Erde: weil damals Sueven, Goten und Normannen die Ränder des Atlantik besetzten, gewannen später deren Nachkommen — Spanier, Portugiesen und Angelsachsen — von da aus die Neue Welt. Weil unter allen germanischen Stämmen die Waräger am weitesten nach Osten ausgriffen, eroberten deren Nachfahren wiederum — die Russen — ganz Nordasien.

Ausrotten oder Unterwerfen?

Besiedelte Räume verheißen gegenwärtige Macht, leere zukünftige. Heute haben Iberer, Angelsachsen und Slawen das Monopol auf die großen Leerräume der Erde. Ergebnis hier der Unterwerfung aller nichtrussischen Völker zwischen Wolga und Amur, ist es dort, in Amerika, das der Indianerausrottung — des beharrlichsten langwierigsten und zugleich lohnendsten Völkermords aller Zeiten.

Zuweilen halten die Amerikaner den Russen das Unstatthafte ihres Vielvölkerreiches vor. Es sei — so sagen sie — das einzige noch bestehende Kolonialimperium. Sie sagen das ohne zu erröten, haben sie doch längst ihre Kolonialvölker — eben die Indianer aus den heimischen in die ewigen Jagdgründe umgesiedelt.* Offensichtlich ist Ausrotten politisch zweckmäßiger als Unterwerfen. Mit einem Feind, den man unter die Erde gebracht hat, braucht man nicht mehr zu rechnen. Der Unterworfene hingegen ballt die Faust in die Tasche und harrt seiner Stunde. Und immer finden sich Anwälte, sich seiner anzunehmen. Dem Ausgerotteten hingegen nimmt sich keiner mehr an. Unbeschwert leben die Enkel der Mörder auf der Erde der Ermordeten. Unbeschwert erheben sie sich zu Sittenrichtern anderer Völker. Mit ausgestrecktem Finger zeigen sie auf die „Splitter im Auge des Nächsten" und predigen aller Welt die Menschenrechte.

Raum als Monopol

Wie immer sie dazu auch gekommen sein mögen, Russen wie Angelsachsen betrachten ihr Monopol auf die Großräume der nördlichen Halbkugel als bleibendes Vorrecht. Beide sind sich einig, keinen Dritten an ihrem Reichtum teilhaben zu lassen. Wer Raum genug hat, braucht weder seine Jugend abwandern zu lassen, noch seine Geburten zu beschränken. Er kann seine Bevölkerung noch jahrzehntelang vermehren, ohne Not befürchten zu müssen. Da er den Raum als kostbarstes Gut der Zukunft zurückhält, macht er ihn künstlich zur Mangelware und würgt damit jede Konkurrenz beengter Völker langsam zwar, dafür aber todsicher ab.

Solchem Abwürgen dienten auch die beiden Weltkriege. Schon den ersten fälschten die Alliierten sehr bald in einen ideologischen um. Nur an der Oberfläche aber ging es damals und später um Weltanschauung, nur in der Propaganda um Rassen. Hüben wie drüben standen totalitäre und nicht totalitäre Staaten. Hüben wie drüben kämpften Weiße und Gelbe, Nordi-

---

* Diesem im 19. Jahrhundert mit wirtschaftlichen Mitteln (Aushungerung, Vertreibung auf ertraglose Böden, Abknallen der Büffelherden usw.) und durch offene Gewalt (Niedermetzelung ganzer Stämme) nicht ganz zu Ende gekommenen Völkermord wird im 20. Jahrhundert noch auf klinischem Weg nachgeholfen. So hat man in den siebziger Jahren, in aller Heimlichkeit und unter fadenscheinigen Vorwänden, nicht weniger als 16 000 junge Indianerinnen in den Vereinigten Staaten zwangssterilisiert. Die Tragweite des ihnen aufgezwungenen Eingriffs wurde ihnen verschwiegen. Sie erkannten sie erst, als sie — verwundert über ihre anhaltende Unfruchtbarkeit — andere an dem an ihnen verübten Betrug nicht beteiligte Ärzte aufsuchten. (Vgl. hierzu den Bericht des „Stern" vom 27. Juli 1978).

sche und Mediterrane. Nicht die Rasse trennte sie, sondern Reichtum und Armut, Reichtum und Armut an Gütern der Zukunft — an Raum. Hier ging es um die Brechung eines Monopols, dort um seine Erhaltung. Die Niederlage der Raumarmen besiegelte ihren Verzicht auf Raum, auf Ausdehnung, auf Zukunft.

Unterlegen aber sind nicht nur die militärisch Besiegten. Unterlegen sind außerdem alle, alle samt und sonders, die Amerika zu Hilfe gerufen hatten. Unterlegen ist außer Japan und Deutschland auch Europa, Europa in seiner Gesamtheit, einschließlich England.

Lage ist Schicksal

Dennoch ist die Größe der beherrschten Fläche allein noch nicht ausschlaggebend. Siehe Rußland: Seine Stärke ist seine Ausdehnung, seine Schwäche geopolitisch — es hat noch erhebliche anderer Art — seine Lage. Macht ist Kraft mal Lage. Nur eine günstige geographische Lage ermöglicht, die eigene Kraft ungeschmälert zur Geltung zu bringen. Gunst oder Ungunst der Lage kann die Macht eines Staates vervielfachen, aber auch auf einen Bruchteil herabmindern, sie kann bewirken, daß der Schwächere unter Umständen mehr Macht gewinnt als der Starke. In geographisch ungünstiger Lage kann sogar der militärisch besser gerüstete Staat schwächer sein als der ihm an Kraft unterlegene.

Eine Insel ist im allgemeinen leichter zu verteidigen als eine Halbinsel, eine Halbinsel — wie Spanien etwa — zu Lande leichter als ein Zweiuferstaat wie Frankreich, ein solcher leichter wiederum als einer in der Mitte des Festlandes wie Deutschland.

Daß England Insel ist, ersparte ihm bis vor kurzem noch jede Vorsorge für eine Verteidigung auf der Erde. Eigene Heere — als verlängerte Arme seiner Flotte — brauchte es nur gelegentlich. Sonst führten Verbündete seine Kriege, während Deutschland die seinen in der Regel allein durchfechten mußte, allein — denn es hatte seinen Nachbarn keine Beute zu bieten — nicht in Übersee, nicht in Europa — es sei denn auf eigene Kosten. Die Briten dagegen *hatten* zu bieten, und zwar zu Lasten eben jener Mittelmächte, die — weil sie jedermanns Nachbarn waren — auch zu jedermanns Vorteil beschnitten werden konnten. Je mehr Nachbarn ein Staat hat, desto mehr davon können an seiner Schädigung interessiert werden — der unvermeidliche Nachteil zu vieler Grenzen. Die notwendige Folge: deutsche Politik verlangt mehr von ihren Lenkern als französische, britische oder gar amerikanische. Auch um England groß zu machen, brauchte man Männer über dem Durchschnitt, keineswegs aber solche von ungewöhnlichem Ausmaß. Ein Pitt, ein Palmerston, ein Gladstone, ein Disraeli genügten. In Deutschland mußte erst ein Bismarck kommen, um die gestellte Aufgabe zu bewältigen und auch das nur unter gewaltigen Abstrichen! Und ihm mußte noch ein Moltke zur Seite stehen und über beiden ein König, der ihnen freie Hand ließ. Dazu ein Parlament ohne Vollmacht, ihr Tun zu hindern. Auch das war notwendig.

„Die Freiheit in einem Land — sagte Sir Robert Sealey im Hinblick auf Preußen — ist stets umgekehrt proportional dem Druck auf seine Grenzen."

An dieser klaren Formel scheitert das Schlagwort vom „preußischen Militarismus". Immer und überall in der Welt werden Verfassung und Rüstung der einzelnen Staaten mitbedingt durch deren geographische Lage. Nur mangelnder Sachverstand mißt hier mit gleichem Maßstab.

Je leichter von Natur aus die Verteidigung eines Landes, desto unbehinderter wird seine Politik, desto einfacher auch seine Strategie. Je geschützter von vornherein seine Grenzen, umso mehr Freiheiten kann ein Staat seinen Bürgern gewähren und umgekehrt. Der geostrategisch Benachteiligte ist immer auch politisch beeinträchtigt.

Notwendigerweise also und keineswegs dank irgendwelcher Willkür waren Preußens Freiheiten nie die Englands, war die richtige Politik — nach innen wie außen — an der Spree eine andere als an der Themse. Hier galten die Gesetze der ungebundenen, der Ozeanischen Macht, dort die der rundum an Nachbarn gefesselten kontinentalen.*

Binnenlagen wie einst je Preußens oder Österreichs, heute die Rußlands, erschweren die Verteidigung. Stets beschwören die zu vielen Angriffsflächen die Gefahr einer Einkreisung. Ihr zu begegnen bleibt nur der wechselweise Ausfall in der jeweils

---

* Vergleiche hierzu den Abschnitt Ozeane und Kontinente in „Mut zur Macht" Leoni 1980, vom selben Verfasser.

günstigen Richtung: der Vorteil der sogenannten inneren Linie, der Deutschlands in zwei Weltkriegen.

Lagen wie diese erfordern eine sehr vorsichtige Politik, ist der Konflikt jedoch nicht zu vermeiden, eine entschiedene Kriegsführung. Preußen hat darum — entgegen dem herrschenden Vorurteil — unter allen größeren Mächten Europas die wenigsten Kriege geführt, diese dann aber mit dem in seinem Fall unerläßlichen Nachdruck. Notgedrungen bedürfen solche Staaten besonders starker Heere. Zumindest sollte deren Schlagkraft jener zwei wichtigsten Nachbarn gewachsen sein. Staaten in Randlage — Frankreich etwa oder heute China — haben es insofern leichter.

Defensive und offensive Stärke

Auch unter festländischen Staaten gibt es mithin solche von naturgegeben defensiver und naturgegeben offensiver Stärke. Beides vereint hingegen findet sich auf dem Festland nur ausnahmsweise, umso leichter dagegen bei Inseln. Die See ist ihr stärkster Verbündeter.

Erweist sich ihre Flotte denen alle ihrer Gegner überlegen, dann hat sie auch deren Heere nicht mehr zu fürchten. Ist derer Landung ausgeschlossen, die defensive Aufgabe mithin erfüllt, dann hat die Seemacht beide Hände frei für die offensiven. Die Welt steht für sie ihr offen. Seeherrschaft ist Weltherrschaft. Offensive Möglichkeiten ähnlichen Ausmaßes bietet das Festland nur auf kurze Entfernung. Auch seine defensiven sind beschränkt. Nur ausnahmsweise gewähren ausgedehnte Wüsten, undurchdringliche Sumpf- oder Urwälder sowie unwirtschaftliche Gebirgsmassen gleiche Deckung wie Ozeane, nie aber offenes weithin erschlossenes Land. So waren beispielsweise Deutschlands Grenzen viel zu zahlreich, viel zu lang und zu ungeschützt, um je mit Aussicht auf Erfolg verteidigt zu werden. Auch ein Ausweichen in die Tiefe — etwa nach dem Vorbild Rußlands — war hier nie möglich, dazu war es viel zu schmal und zu dicht bevölkert. Keines seiner lebenswichtigen Zentren lag je weiter als 200 Kilometer von der nächsten Grenze entfernt. Ein solches Land kann sich nur wehren, indem es angreift. Eine andere Wahl hat es nicht, ebensowenig wie heute — schon vom ersten Tag seiner Neugründung an — Israel.

Dieser Zwang zu angriffsweiser Verteidigung ist unabänderlich und kann nur durch Ausdehnung überwunden werden, durch Zusammenschluß mit den Nachbarn, friedlich — wenn es geht — oder unfriedlich. Mehr als irgendeine andere war darum seit je die deutsche Politik um die Einigung Europas bemüht (siehe die Heiratsstrategie der Ottonen, der Stauffer, der Habsburger). Nicht zufällig hat *sie* den Reichsgedanken entwickelt, stellte *sie* die abendländischen Kaiser. Auch das bereits war lagebedingt.

Achsenkreuz und Weltknotenpunkt

Trotzdem ist es eine naturgegebene Drehscheibe. Europa hat deren zwei. Die innere ist Frankreich. Es verbindet Deutschland mit Spanien und Italien mit England. Die äußere — deutsche — besorgt den Übergang einmal von den Skandinavischen Ländern zu den mediterranen, dann von den atlantischen zu den kontinentalen. Das macht Deutschland zu einem Koordinatenkreuz Ost/West Nord/Süd u.zw. — wie wir gleich sehen werden — doppelt: Madrid, Paris, Berlin, Moskau, Peking bezeichnen die Ostwestachse unseres Kontinents. Sie wird in Europa durch zwei Querachsen geschnitten: Die eine beginnt in Schottland und endet in Sizilien. Ihr Mittelstück ist der Rhein. Die andere führt in großem Bogen vom Nordkap zum Bosporus. Ihre Mitte ist die Mark Brandenburg. Beide Querachsen schneiden die große Ostwestachse in Deutschland.

Was für das Gefüge Europas gilt, gilt darüber hinaus sogar für den Rest der Erde. Ihre Kontinente — jeder Globus beweist es — scharen sich um Europa als ihren schon vorgegebenen Schwerpunkt, die Ozeane um die Antarktis. Deutschland ist mithin (ebenso wie Frankreich) nicht nur ein europäischer — es ist — von Natur aus — ein Weltknotenpunkt.

Ausgerechnet an diesem Knotenpunkt, im Schoß der einstigen großen Völkerwanderung, lebt nun deren nicht in die Welt ausgestrahlte Nachhut, abgesondert von ihresgleichen durch die unverfälschte Weiterentwicklung der ihnen ursprünglich allen gemeinsamen Mundart, abgetrennt von ihnen durch den seinerzeitigen Abfall der Mehrheit der germanischen Völker — namentlich der Normannen, Westgoten, Westfranken und Waräger — zu den Sprachen ihrer Dienstboten. Als Folge dieses

Abfalls reicht die romanische Welt heute von Feuerland bis an die Maas, die slawische von Wladiwostok sogar bis an die Odermündung, daneben die angelsächsische von Kalifornien bis an die Nordsee. Vereint drängen sie ihre gemeinsame Mitte, ihren einstigen Ausgangspunkt, den ihnen mittlerweile wie zum Fremdkörper gewordenen, der skandinavischen Halbinsel südlich vorgelagerten Brückenkopf Deutschland.

Seit Ende des vorigen Jahrhunderts, aller Welt sichtbar seit 1914, geht es um die Beseitigung dieses Brückenkopfs seine Entmachtung, Aufteilung und Selbstentfremdung.

Das Erst und Zweite — Zweck der beiden Weltkriege ist seit 8. Mai 1945 vollzogen, das Dritte — Hauptaufgabe der der am Zweiten Weltkrieg folgenden Jahre — hat seinen Höhepunkt noch nicht überschritten.

II. Charakterwäsche
Die neue Klasse

Nach dem Ersten Weltkrieg ließ man die Deutschen nur zahlen, denken durften sie weiterhin, was sie wollten. Das Wichtigste war ihnen geblieben: Gedankenfreiheit. Kein Volk ist wirklich besiegt, dem sie nicht genommen ist. 1945 hatten die Alliierten ihre Lektion schon besser gelernt. Die Deutschen zahlten auch diesmal, sogar aus ihrer Substanz: mit den Milliardenwerten ihrer Ostgebiete, mit der Vertreibung und den Millionen an Toten, die sie gekostet hat. Was sie darüber zu denken hatten aber war ihnen vorgeschrieben, vorgeschrieben das Bild ihrer Geschichte, vorgeschrieben ihr Urteil über sich und die Sieger, vorgeschrieben das Dogma von der Alleinkriegsschuld aller Besiegten (einschließlich Japans). Was sie sagen durften und was nicht, war fortan fremdbestimmt und was außerhalb dieser Leitplanken blieb, für sie „tabu". Auch das Denken in Kontinenten oder gar in autarken Räumen blieb ausgesperrt — bis die erste Ölkrise auch die unbelehrbarsten Verfechter einer auf der Abhängigkeit aller von allen gegründeten Weltwirtschaft geradezu mit der Nase auf den Vorteil heimischer Rohstoffe stieß. Trotzdem: weil nicht sein kann, was nicht sein darf, spricht, wer auf sich hält, auch weiterhin von Selbstversorgung lieber hinter vorgehaltener Hand — sehr zum Schaden Europas, dessen „Volk der Dichter und Denker" nur noch denkt, was es darf, was ihm seine *neue Klasse* bewilligt.

Für ihre Länder haben Woslenski und Djilas diese Klasse beschrieben. Dort ist sie Nutznießerin des Sieges, in Deutschland der Niederlage. Diese Niederlage — die ihres eigenen Landes, ihrer eigenen Wehrmacht — verdankt sie alles: Amt, Wohlstand, Ansehen. Ihr ist sie verpflichtet. Sie allein ist die Grundlage ihrer Existenz. Sie muß immer von neuem nachvollzogen werden. Der bezahlte Preis bleibt Nebensache.

Tiefpunkt Ostverträge

Bereits in den fünfziger Jahren sagte ein britischer Historiker, A.F.P. Taylor, von den Deutschen „sie seien zwar noch da, aber sie hätten aufgehört zu existieren", zu existieren wollte er sagen, als selbsttragende Kraft. Wer wie ein Gedächtnisgestörter sich vorsagen läßt, woran er sich erinnern darf und woran nicht, kann nach britischen Maßstäben zu einem echten Selbstverständnis nicht mehr gelangen und fällt folglich als Nation, d.h. als handlungsfähige Willensgemeinschaft aus. Was bleibt ist nur noch „Gesellschaft", nur noch Objekt der Weltpolitik.

Keine zwanzig Jahre vergingen und Taylor fand sich in allen Punkten bestätigt. Am 17. Mai 1972 lagen die Ostverträge ratifiziert auf dem Tisch und die besagten „nicht weniger, als daß die Bayern, Schwaben, Franken und Niedersachsen den Schlesiern, Pommern, Ostpreußen und Sudetendeutschen ausdrücklich ein Recht verweigerten, das sie für sich selbst als selbstverständlich beanspruchten, nämlich das Recht auf ihr Land, ihre Eigenart und ihr Fortleben in der Zukunft. Die Ostverträge besagen, daß die Westdeutschen sich damit einverstanden erklärten, daß die Länder und Stämme der Ostdeutschen ein für allemal aus dem Dasein gelöscht würden." Von einer Nation konnte da keine Rede mehr sein, — damals schon nicht und 1982 noch immer nicht. Was sich 1968 bei der Tschechenkrise beobachten ließ, wiederholte sich nun bei jener in Polen: die Deutschen leiden nur mit ihren Vertreibern, die Vertriebenen sind vergessen.

Rußland, nicht Polen

Wie Deutschland ist auch Polen das Opfer seiner geographischen Lage. Eigentlich hätte das die Polen den Deutschen beizeiten annähern müssen. In der Regel sind friedliche Verbindungen mit Nachbarn minder gefährlich, als solche mit den Nachbarn der Nachbarn und auf lange Sicht — siehe Ungarn und Österreich — gewinnbringender. Polen hatte die Wahl zwischen Deutschland und Rußland, etwas drittes bietet die Landkarte nicht. Der Unterschied: Der Weg über Deutschland trägt nach Europa herein, der nach Rußland hinaus.

Die Polen aber entschieden sich von vornherein gegen beide, was ihre Kräfte weit überstieg. Sie wurden damit zu willkommenen Handlangern Dritter, und als solche, als sie 1939 ihre Schuldigkeit getan, kaltblütig geopfert. Als Stützpunkt deutscher Politik eignet sich Polen seither nicht mehr.

Rußland ist Deutschlands wichtigster östlicher Nachbar, Rußland und nicht Polen. In Polen geht es nur noch darum, die Deutschen zu hindern, die falsche Karte zu spielen. Es sind die Polen, die in Pommern, Schlesien und dem südlichen Ostpreußen stehen, die Russen halten nur dessen Nordteil besetzt.

Unbestreitbar war es ein Mißgriff des Kremls, den Polen und Tschechen die deutschen Ost- und Sudetengebiete zu überantworten. Sie hätten Rußland als Provinzen der DDR viel bessere Dienste geleistet und erst recht war es ein Fehler, ihnen die Vertreibung zu gestatten. Stalins Rechnung ging nicht auf. Die Flüchtlingsströme brachten dem westlichen, dem amerikanischen Deutschland nicht die Revolution, sondern nur die fehlenden Arbeitskräfte.

Wenn irgendwem diente die Vertreibung der Deutschen angelsächsischen Interessen, nicht russischen, entsprach sie der — im Zeitalter der Großraummächte überholten — Vorstellung vom europäischen Gleichgewicht. Der Raum südlich der Nord- und Ostsee sollte künftig nicht mehr ein Raum sein, sondern geteilt in eine deutsche und eine etwa gleich große tschechisch-polnische Hälfte. Ein deutsch bestimmtes Mitteleuropa sollte es nicht mehr geben, ein vergrößertes nach Europa hineingewachsenes Polen einem an den Westen herangedrückten Deutschland ebenbürtig gegenüberstehen.

Und doch war die Vertreibung ein Fehler auch der Tschechen und Polen, ein Fehler schon in der Sache und noch mehr in der

Weise der Durchführung. Sie sind damit nur noch mehr zu Völkern von Rußlands Gnaden geworden und zu schwerst belasteten Schuldnern der Deutschen. Das mag in späteren Tagen für sie gefährlich werden, mögen die heutigen Deutschen das auch nicht erkennen. Die Vertreibung hat das Knäuel der deutsch-westslawischen Beziehung nicht entwirrt, sondern bloß hoffnungslos verknotet.

Notgedrungen gibt es für Deutschland im Osten nun erst recht nur noch *einen* Partner und der ist Rußland. Nur Rußland könnte die Ostverträge zurücknehmen, nur Rußland die Grenzpfähle umstecken. Nur Rußland hat unbegrenzt Platz. Es geht in Pommern, Schlesien und dem Sudetenland nicht um *seine* Beute und der ihm, ihm selber zugefallenen deutsche Landstreifen fällt angesichts der dafür einzuhandelnden Vorteile und der Größe des russischen Raumes nicht ins Gewicht.

Die polnischen Freiheitskämpfer mögen für Europas Zukunft von einiger Bedeutung sein, von weit größerer sind die russischen Dissidenten und die ukrainischen Patrioten.

Zu Lebzeiten Marschall Pilsudskis ließ sich deutsche Ostpolitik sehr wohl auch *mit* Polen betreiben. Das geht nun nicht mehr. Diesen Weg hat die Vertreibung verbaut. Von einer „Befreiung" der Polen wie auch der Tschechen hat Deutschland nichts zu erhoffen. Von den Ketten Moskaus gelöst, würden sie unverzüglich in die ihnen von den Angelsachsen zugedachte Rolle zurückfallen, jederzeit bereit, neuen Unfug zu stiften und Deutschland stünde wo es vor 1939 schon stand, bloß unter erheblich erschwerten Bedingungen.

Stalins allslawische Politik war aus dem Krieg geboren und sein größter Fehler. Einwandfrei blieb Deutschland auch nach 1945 wichtiger für Rußland als alle slawischen Völker zwischen Ostsee und Adria zusammengenommen. Ebenso einwandfrei wurde Polen zum Musterbeispiel einer russischen Fehlinvestitution. Eines Tages könnte sich der Kreml gedrängt fühlen, Folgerungen zu ziehen.

Inzwischen gaben ihm die heute im Westen wortführenden Deutschen mehrfach Proben ihrer nach wie vor makellosen Umerzogenheit. Auch sie ist, wird es wieder einmal kritisch für sie, willkommen, Leute solcher Gesinnung fallen über Nacht um. Man wird sie dann umso besser gebrauchen können.

Ihre Haltung zu durchschauen, ist für russische Kenner der westdeutschen Szene kein Kunststück. Noch mehr als die witzigen, aber wirklichkeitsnäheren Tschechen sind die hochfahrenden, lebenslustigen, sich stets selber überschätzenden Polen des Westens verhätschelte Schoßkinder. *Sie* haben den Krieg heraufbeschworen. *Sie* Amerika dessen steilen Aufstieg zur führenden Weltmacht ermöglicht, sie spielten 1939 die unentbehrliche Rolle des Köders. Ohne ihn biß Hitler nicht an. Also weiß die neue Klasse der Deutschen (von fast ganz links bis fast ganz rechts), was sie sich schuldig ist. Also muß sie so tun, als hielten nicht die Polen ein Viertel von Deutschland besetzt, sondern umgekehrt, als hätten nicht die Polen die Deutschen vertrieben, sondern die Deutschen die Polen. Also werden in Deutschland für vertriebene oder zurückgehaltene Deutsche keine Tränen vergossen, die vergießt man für Polen (wie 1968 für die Tschechen), aber nur für sie, schon nicht mehr für Völker, die in viel schwerere, nicht im Ursprung selbst verschuldete Bedrängnis geraten sind, nicht für die Esten z.B. die Letten und Litauer oder gar die Kurden. Auch nicht für die Ukrainer (mehr als irgendwer sonst haben sie unter den Polen gelitten). Alle haben sie Deutschland nie etwas angetan, halten sie deutsches Land nicht besetzt, haben Deutsche niemals vertrieben und sind darum auch nicht Lieblingskinder Londons oder New-Yorks. An *ihnen* läßt sich perfekte Umerziehung nicht vorführen.

Auch nicht an den Afghanen. Mit Vergnügen hat man sie über den Polen vergessen, wie seinerzeit die Ungarn über den Tschechen. Unzählige dieser Afghanen sind bereits grausam zu Tode gekommen. Zweieinhalb Millionen leben als Flüchtlinge in elenden Lagern in Pakistan. Für die Afghanen geht es um Sein oder Nichtsein, um das Überleben ihrer Stämme, ihrer Dörfer, ihrer Frauen und Kinder, nicht nur um Streikrecht und freie Gewerkschaft. In Afghanistan geht es um die Substanz. Die ist in Polen überhaupt nicht bedroht. Aber: man sammelt nicht für die Afghanen, man sammelt für die Polen. Die Polen behandeln die bei ihnen zurückgebliebenen Deutschen als Menschen zweiter Klasse und verbieten ihnen ihre Sprache, verweigern ihnen aber die Ausreise. Jetzt streiken sie und warten in deutschen Städten auf Geld und deutsche Lebensmittelpakete und — bekommen beides.

Ein deutsches Magazin überschrieb seine Neujahrsausgabe 1982 mit großen roten Lettern quer über das Titelblatt: „Wer

Polen schlägt, schlägt Europa". (Lenin bemerkt demgegenüber Europa würde im Indischen Ozean geschlagen, siehe Mozambique, Äthiopien, Afghanistan). Kein Wort auch über Pommern, Schlesien oder Ostpreußen, kein Wort über die Vertriebenen, keines über die in Polen gewaltsam zurückgehaltenen Deutschen. Handelte es sich um ein minder verdienstvolles Blatt, man wäre versucht zu sagen: das ist wahrhafter Umerziehungsdrill, das ist Deutschland 1982. Wird der Vorrang der Psychopolitik irgendwo deutlich, so hier. Solange harte Tatsachen sie nicht widerlegen, ist eine geschickte psychologische Kriegführung stärker als jede andere. Die Geopolitik ist nur ein Wegweiser. Die Geographie mischt den Völkern nur die Karten, spielen müssen sie selber. Sie selber sind die Träger ihrer Zukunft, sie allein Gewähr ihrer Sicherheit.

III. Zwischen den Großräumen
Europäische Sicherheit

Ein Land ist so sicher, wie es seiner geographischen Lage entspricht und der Grad seiner Verteidigungsbereitschaft zuläßt. Die Gefahren der Lage sind unabänderlich. Ihr Maß läßt sich ohne Mühe von der Landkarte ablesen. Weder kann Europa aus der Nähe Rußlands wegrücken, noch aus der des Atlantik. Der Faktor Lage stellt daher die konstante im Ansatz der hier zu lösenden Gleichung dar. Die veränderliche, der Wille sich zu wehren, liegt bei den Europäern.

Außer einer geopolitischen Antwort erheischt die Frage nach der möglichen Sicherheit demnach immer auch eine psychologische. Sie für ein Land zu geben, heißt die Stärke seiner Bedrohung in Verhältnis zu setzen zur Stärke seines Willens zu sich selber.

Wer seine „Aggressionen" nicht verzettelt, sondern militärischer Disziplin unterwirft, wem der Wille, sich zu behaupten die richtigen Waffen in die Hand drückt, der hat auch an gefährdeter Stelle Aussicht, in Freiheit zu überleben. Stets ist Sicherheit zuerst eine Frage der Nachbarschaft und dann eine der dieser Nachbarschaft entsprechenden Rüstung. Bündnisse können eine solche Rüstung zwar vorübergend ersetzen, aber nie auf die Dauer. Auf die Dauer hat jedes Volk die Armee im Land, die es verdient, entweder die eigene oder eine fremde, eine verbündetet oder eine feindliche.

Europa ist nicht nur für Europäer begehrenswert. Es liegt im spitzen Winkeln zwischen Mittelmeer und Atlantik. Es besetzt alle Zugänge der eurasischen Landmasse zu diesem Ozean und überwacht die Durchfahrt zum Indischen. Daher hängt seine Sicherheit zunächst daran, ob es diese Wege selber beherrscht oder ob sie von anderen beherrscht werden. Im zweiten Fall würde, wer immer kann, sich auch der europäischen Küsten bemächtigen und der Vorteile bedienen, die sie allen Nachbarn — Afrikanern, Asiaten und Amerikanern — zu bieten haben.

Ist Deutschland der Schlußstein der europäischen Halbinsel, so ist diese Halbinsel der Schlußstein der Kontinente. Wer sie hat, hat die Welt. Bis 1945 hatten die Europäer Europa, heute nicht mehr. Sie verwalten es nur, die einen für die Männer hinter den Multis und der Federal Reserve Bank, die anderen für die Nomenklatura der Sowjetunion.

Daß das einmal so kommen könnte, dafür gaben nicht nur jene Kosaken die Vorboten ab, die im Nordischen Krieg erstmals ihre Pferde an der Elbe tränkten und 1813 sogar an der Seine. Näher zur Gegenwart, eindrucksvoller daher und auch bedrohlicher war 1918 die massenweise Ausschiffung amerikanischer Truppen in französischen Häfen. Als 27 Jahre danach die beiden einander in der Mitte Deutschlands begegneten, gab es nach den Worten eines französischen Militärschriftstellers kein selbständiges Europa mehr: kein selbständiges und kein sicheres — die Quittung für den Luxus der europäischen Uneinigkeit, und das im Kriegsfall bedenkenlose Hereinholen außereuropäischer Mächte. Der Preis war hoch. Immerhin bezahlten die im Westen nur mit der beschnittenen Freiheit ihrer Regierungen, der verlorenen Unabhängigkeit ihrer Währung und teilweise ihrer Wirtschaft nicht mit der ihrer Person. Geld kümmert sich um Konten, nicht um Menschen, um die Herrschaft über Parteien und Medien, nicht um die Meinung des Einzelnen. Der mag tun und lassen, denken und reden, was immer er will. Die Wahrscheinlichkeit, daß er dabei aus dem Rahmen der zur Veröffentlichung freigegebenen Meinungen herausfällt, ist ohne dies nahezu Null.

Freiheit aber ist noch nicht Sicherheit. Sicher war Europa seit jenem zweiten Weltkrieg keinen Augenblick mehr. Hängt über den Ländern der dritten Welt die stete Gefahr von Überfall, Aufstand und Terror, über den Weltmächten die einer nuklearen Beschießung, so über Europa gleich beides.

Die arktische Großmacht*

Die Wunschträume des Westens sind Sicherheit, Wohlstand, Bequemlichkeit. Der Wunschtrum des Kremls ist die Weltrevolution. Schritt für Schritt soll sie das scheinbar Unmögliche bewerkstelligen und die naturgegebene Benachteiligung ihres russischen Mutterlandes beseitigen. Denn unter allen Großräumen der Erde hat Rußland die bei weitem ungünstigste geostrategische Lage.

Sie in ihr Gegenteil zu verwandeln, ist der geschichtliche Auftrag der sowjetischen Außenpolitik, das Gesetz, nach dem sie angetreten und jeder Schritt, den sie auf dem internationalen Parkett tut, ist ein Schritt mehr, dieses Gesetz zu erfüllen, jenes doppelte Gesetz, das ihr ideologisch durch die Doktrin der Weltrevolution vorgeschrieben wird und geographisch durch die ererbte Dynamik des zaristischen Weltreiches. Zweierlei in der Theorie, wird in der Praxis wechselweise eins zur Waffe des anderen. Weichen die Ziele der roten Zaren sonst auch noch so sehr von denen der weißen ab, in Europa sind sie dieselben, können sogar nur dieselben sein. Die Männer im Kreml wollen nicht nur an den Atlantik, sie müssen, sie werden durch ihre Lage gezwungen, denn rundum, von Ostasien bis Skandinavien ist dieses Rußland von einer durchlaufenden Kette meist dichtbesiedelter, zum Teil hochentwickelter, zum Teil überaus geburtenreicher Subkontinente umgeben. Diese Subkontinente übertreffen es an Bevölkerungszahl um fast das Zehnfache, an wirtschaftlicher Leistung um reichlich das Doppelte, an Flächenraum um zumindest das Anderthalbfache.

Zwischen diesen Subkontinenten und dem arktischen Eis ist Rußland eingeklemmt. Jeder gewonnene Kilometer, jede Meile, die aus dieser Klemme herausführt, vermehrt seine Sicherheit und vermindert die der anderen. So naturnotwendig Rußland nach den Küsten der eisfreien Ozeane strebt, so naturnot-

---

* Dies und das folgende Kapitel aus „Mut zur Macht", Leoni 1980, vom selben Verfasser.

wendig suchen die bedrohten Subkontinente Anlehnung an die amerikanische Gegenmacht und werden damit — solang diese Macht sie noch deckt — zu deren verlängerten Armen, zu Brückenköpfen der Vereinigten Staaten, zu Brückenköpfen der Neuen Welt am Rumpf der Alten.

Beide Mächte — Rußland wie Amerika — stehen unter dem Diktat ihrer geographischen Lage: Amerika mit allen Vorteilen einer zu Lande nicht angreifbaren Insel, Rußland mit allen Nachteilen einer etwa 12 000 km langen Landgrenze. Wo es Küsten hat, liegen sie entweder hinter fremdbeherrschten Meerengen oder monatelang unter Eis. Die arktische Großmacht gleicht einem „Mantel mit zugenähten Ärmeln": die Ostsee gesperrt bei Kopenhagen, das Schwarze Meer bei Istanbul, das Mittelländische bei Gibraltar und Suez, das Rote bei Aden, usw. Seit jeher waren Kopenhagen und Istanbul Nahziele der russischen Politik, Fernziele hingegen der Atlantik und der Indische Ozean.

Erst wenn Rußland die Durchfahrt von Gibraltar nach Aden gleich verläßlich beherrscht wie Amerika die durch den Panamakanal, erst wenn die Russen eines Tages so fest in Norwegen, in Frankreich und in den Niederlanden sitzen wie die Amerikaner in ihren eigenen Neuenglandstaaten, und so fest in Korea wie diese in Kalifornien, und Großbritannien und Japan aufgehört haben, den Vereinigten Staaten als Flugzeugträger zu dienen, dann erst ist die geforderte Ebenbürtigkeit erreicht, dann erst haben auch sie über Land und über See die Handlungsfreiheit ihrer Gegenspieler. Dann erst sind geostrategisch ihre Aussichten annähernd gleich.

Ein deutsches Erbe

All das kann besser verstehen, wer sich vor Augen hält, daß Amerika 1945 in die Rolle Englands geschlüpft ist und Rußland in die Deutschlands. Tatsächlich stellt Rußland geopolitisch im weltweiten Rahmen ziemlich genau das dar, was Deutschland seinerzeit im europäischen dargestellt hat. Nun hat Rußland die viel zu vielen, viel zu langen und viel zu gefährdeten Grenzen, liegt Rußland zwischen zwei Fronten, hat Rußland im Osten den Nachbarn mit den unerschöpflichen Menschenreserven, im Westen — hinter ihren Ozeanen verschanzt — die heimtückische Geld- und Handelsmacht. Nun muß Rußland Blockade brechen, Rußland die vielen U-Boote bauen; nun muß Rußland sich vorsehen.

Nur zu deutlich hat es das Schicksal Deutschlands vor Augen: Zweimal hintereinander hat Amerika Deutschland die Flügel gebrochen, beide Male ohne selbst angegriffen zu sein, beide Male über die ganze Breite des Atlantik hinweg. Es hätte nie einen Weltkrieg gegen Deutschland gegeben, wäre Deutschland in der Lage gewesen, einen wirklichen *Welt*krieg zu führen. Seine Kräfte reichten immer nur für einen europäischen. Mehr war ohne eigene Seeherrschaft und ohne Bundesgenossen am anderen Ufer nicht möglich. Ohne sie, ohne solche Bundesgenossen, ohne solche schon vorgegebenen Brückenköpfe eine überseeische Großmacht zu schlagen, dazu fehlten zu jener Zeit allein technisch alle Voraussetzungen.

Heute ist es anders. Heute läßt sich jeder Feind auf jede Entfernung vernichten. Aber eben nur vernichten. Erobern läßt sich ein überseeisches Land auch weiterhin nicht ohne Brückenköpfe. Von Land aus ist Amerika noch immer nicht anzugreifen, umsomehr dafür Rußland. Derselbe Zustand also wie vorher mit Deutschland: Amerika *hat* notfalls die nötigen Brückenköpfe — China, Japan, Europa usw. — Rußland nicht. Denn Kuba reicht hier nicht aus. Die Folge: Rußland muß durch Rüstung und Überrüstung ersetzen, was für die Amerikaner ein Geschenk der Natur ist. Atlantik und Pazifik sind für sie gratis. Sie bekommen ihre Unangreifbarkeit zu Lande frei Haus, Rußland muß die seine teuer bezahlen: mit Milliarden, die sich der amerikanische Steuerzahler erspart.

Drei Monopole

Rußland hat dafür, was Amerika nicht hat: ein strategisches Konzept. Es stammt von Lenin und ist als solches ebenso ausgezeichnet wie sein ökonomisches schlecht. Marxismus taugt als Waffe. Überall sonst wird er zur Bremse. Folgerichtig erhält die Waffe den Vorrang.

Krieg und Revolution jedoch lassen sich zwar wie Feuer anfachen und — eine Weile — auch unterhalten, verewigen, verwalten, zur ständigen Einrichtung machen kann man sie nicht. Eines Tages brennen sie aus. Soll die Glut dennoch nicht ausgehen, muß sie in neue Länder getragen werden. Des Kremls

beste Verbündete dabei sind seine Gegner. Von vornherein überließen sie ihm drei Monopole:
- das Monopol auf Aggression
- das Monopol auf subversive Kriegsführung
- das Monopol auf ideologische Kriegsführung

Ihre eigenen drei dagegen
- ihre Seeherrschaft
- ihre Luftherrschaft
- ihr Monopol auf Kernwaffen

gaben sie der Reihe nach preis. Im Vertrauen auf ihre überlegene Wirtschaft, ihre überlegene Technik und alle Vorteile einer nur schwer angreifbaren Insel übersahen sie die versteckten Möglichkeiten des Gegners, diese Vorteile sämtlich zu unterlaufen. (Bulganin: „wir werden einen Krieg unterhalb des Krieges zu führen wissen". Auf dessen vielfältigen Schlachtfeldern agiert Moskau einsam und angefochten mit souveräner Überlegenheit.) Er hat nichts dabei zu befürchten. Der Gegner paßt. Er könnte allenfalls seine Kredite sperren. Doch tatsächlich verweigert er weder sie noch technische Hilfe.

In einer Rede vor Parteispitzen teilte Breschnjew die noch zu erobernden Länder in drei große Gruppen ein:
- in solche, die dem Kreml dank offensichtlicher Dekadenz kampflos zufallen werden. Zu diesen zählte er u.a. die Bundesrepublik
- in solche, deren „revolutionärer Prozeß" noch angeheizt werden müsse (hauptsächlich Staaten der dritten Welt) und
- in solche, die nur militärisch überwältigt werden können (z.B. Afghanistan).

Um diese Länder, eines nach dem anderen, unbehelligt übernehmen zu können und jedes Dazwischentreten Dritter von vornherein auszuschließen, müßte jeder solche Dritte gegebenenfalls aus dem Stand heraus zur Strecke gebracht werden können. Der erste Schlag muß entscheiden. Rußlands asthmatische Wirtschaft erlaubt keinen langen Galopp. Auf einen Abnützungskrieg darf sich der Kreml nicht einlassen. Das erfordert eine bis an den Rand des gerade noch Tragbaren hochgesteigerte Rüstung.

Abschreckung und Erpressung

Jede überhöhte Rüstung aber wird unwirtschaftlich, wenn sie nicht mehr einbringt als bloß Abschreckung. Sie trägt Zinsen erst, wenn sie offensiv eingesetzt, wenn sie in Eroberung umgemünzt wird. Das kann durch Krieg geschehen, oder — billiger und sicherer — durch Erpressung.

Verhindern kann beides nur hinreichende Abschreckung und abschrecken wiederum kann glaubwürdig nur, was jeglichem Angriff standhält. Um diese Glaubwürdigkeit geht es. Wird die Abschreckung durch offensichtliche Lücken, durch irgendwo unzureichende Vorsorgen — etwa durch vernachlässigten Schutz der Bevölkerung, mangelnde Schutzbauten, fehlende Vorräte — allmählich unglaubwürdig, verlockt ein Land somit statt zu diplomatischem Ausgleich zu plötzlichem Überfall, dann kann es, obwohl ausersehen, dereinst kampflos erobert zu werden, um der so schneller vollendeten Tatsachen willen über Nacht dennoch zum Schlachtfeld werden. Dann aber müßte dort — wie seit eh und je in der Geschichte — gekämpft, dann müßte notgedrungen verteidigt werden.

Ein Land gegen einen übermächtigen Gegner verteidigen aber heißt heutzutage, zu Waffen Zuflucht nehmen, die es zerstören. Das kann nur vermeiden, wer jedem Gegner auf jeder Stufe gewachsen bleibt, nicht nur der nuklearen, auch der herkömmlichen. Eine gediegene Abschreckung schlägt Brücken sogar zum Gegner, die einzig verläßlichen zu einem, der nur die Sprache der Stärke versteht. Sie kann nicht nur seine Strategie, sie kann seine Politik ändern. Sie kann den Feind zum Verbündeten machen.

Das allerdings erfordert mehr Soldaten als vorher, folglich mehr Geld und ein Mehrfaches des in Europa vorhandenen Verteidigungswillens. Er, nicht nur die panzermordende Neutronenwaffe ist das Ei des Kolumbus. Sicherheit kostet nun einmal Opfer: an Zeit, an Einkommen, an Bequemlichkeit. Anders kann die Abschreckungsgewalt des Verteidigers die Erpressungsmacht des Angreifers nicht übertreffen und das muß sie. Dieser nur das Gleichgewicht zu halten wäre zu wenig. Die Abschreckung muß überlegen bleiben. In ihr liegt die sicherste Gewähr zu überleben, die einzige, es in Freiheit zu tun.

Abschreckung nur in einem Stockwerk genügt nicht. Die vollständige spielt auf drei Ebenen: auf denen der nuklearen, der herkömmlichen und der psychologischen Rüstung.

Mit zur nuklearen Rüstung gehört — wie das Schild zum Schwert — die Sicherung der Bevölkerung in bombensicheren Unterkünften.

Für die nukleare Abschreckung bedarf es richtig bedienter Sprengköpfe und einer nervenstarken Regierung, die herkömmliche braucht den Soldaten, der Soldat wiederum den ihn tragenden Willen, früher des Königs, heute der Öffentlichkeit, der „res publica", der Gesamtheit. Steht der hinter ihm, ist das unbedingt Notwendige auch auf psychologischer Ebene gewährleistet. Sie ist die Basis. Spielt sie ihre Rolle nicht, kann bei kritischer Lage das ganze Gebäude der Abschreckung in sich zusammenstürzen.

Strategie der Entspannung

Jede Strategie sucht den Weg des geringsten Widerstandes. War dieser Weg in Vietnam der eines Krieges der tausend Nadelstiche, so ist er in Europa der der Entspannung.

Schon 1974 erklärte Breschnjew auf einer großangelegten Tagung in Prag: „Was die eiserne Faust unserer Vorgänger nicht zu schaffen vermochte, schaffen wir jetzt mit der Entspannung, sodaß wir 1985 in Westeuropa die meisten unserer Ziele erreicht haben, sodaß wir 1985 dort in der Lage sein werden, unserem Willen Geltung zu verschaffen, wo immer es nottut."

In den Tagen der Entspannung wird geerntet, was in jenen der Unerbittlichkeit gesät wurde. Ein plötzliches Nachlassen der Kälte, ein jähes Auftauen des Eises kostete den Angreifer gar nichts, der Angegriffene aber torkelt seinem Feind geradewegs in die Arme. Ein Schritt zurück, zwei Schritte vor, keinen Augenblick lang hat diese Anweisung Lenins ihre Gültigkeit eingebüßt.

Der planmäßige Wechsel von Anspannung und Entspannung, von Erpressen und Bestechen, Verweigern und Zusagen, von Ansetzen und Absetzen der Daumschrauben ist so alt wie die Anwendung von Gewalt überhaupt. Kein Steinbrucharbeiter verwendet seine Brechstange anders.

Wie „des Kaisers neue Kleider" oder wie fast alle zeitgenössische „Kunst" lebt auch die Entspannung von einem „Tabu".
Der Menge ist nur erlaubt, an ihrem Verstand oder an ihren Augen zu zweifeln, nicht daran aber was ihr vorgesagt wird. Die Entspannung als das sehen, was sie ist, stört die Entspannung.

IV. Die Frage des Überlebens
Carters Botschaft

Auf die Frage nach dem Überleben gibt es drei Anworten: Schutz durch Amerika, Schutz durch Rußland, Schutz aus eigener deutscher und europäischer Kraft. Betrachten wir die erste — Schutz durch Amerika! Am Abend des 26. Juli 1976 ging folgende Nachricht durch den Äther:

„Der demokratische Präsidentschaftskandidat Jimmy Carter würde von einem möglichen Kernwaffeneinsatz der USA in Europa die betroffenen Länder verständigen. In diesem Zusammenhang wurden von Carter die Bundesrepublik Deutschland und Österreich genannt. Diese beiden Länder würden, bedingt durch ihre geographische Lage, wahrscheinlich zur Hauptkampflinie werden und somit der Vernichtung preisgegeben sein."

Einmal gesendet kam diese Nachricht nie wieder. Nur für Sekunden war sie ihren Gouvernanten entwischt, dann hatte sich der perfekte Verschweige- und Verfälschungsmechanismus wieder gefangen. Keine Zeitung brachte die Cartersche Botschaft, kein Sender wiederholte, kein Dementi verleugnete sie.

Im übrigen war sie nicht neu. Kein anderer Präsident — blieb auch er bei der Wahrheit — hätte mit besserer Auskunft zu dienen vermocht. Wo sonst in einem europäischen Krieg sollten die Atomgeschosse der Amerikaner denn einschlagen, wenn nicht da, wohin sie — zum Leidwesen vieler — im letzten Krieg nicht mehr zurecht gekommen waren, nämlich in Deutschland. (Sie gleich auf russischem Boden zu landen, wäre Selbstmord!)

Wozu denn hatte man die Trennungslinie der beiderseitigen Machtbereiche gerade hier gezogen, wenn nicht, um einen neuen Krieg — sollte es je dazu kommen — hier auch wieder beginnen zu lassen — immer in der Erwartung, ihn dann, ehe weitere Länder zerstört würden, vielleicht doch wieder abzubrechen und von neuem verhandeln zu können? Seit Ende des Zweiten Weltkrieges ist Deutschland dazu ausersehen, Hauptkriegsschauplatz eines möglichen dritten zu werden. Auch darum hat man es geteilt, auch darum beiderseits mit eigenen Vorhuten besetzt, auch darum hier und nicht sonstwo den Vorhang gezogen.

Ein Krieg mit neuzeitlichen Waffen aber bedeutet die Auslöschung allen Lebens da, wo er stattfindet. Wohl wären die drei deutschen Staaten als erste betroffen, aber beileibe nicht nur sie: kaum weniger Böhmen, Polen, Frankreich, die Niederlande, wahrscheinlich auch England. ABC-Waffen kennen weder Grenzen, noch Neutralität. Stoßen die Atomgroßmächte aufeinander, bildet Deutschland die Knautschzone und seine Nachbarn mit ihm.

Bleibt nur die Hoffnung, ein solcher Krieg würde vielleicht doch *ohne* Kernwaffen geführt. Rußland zumindest liegt wenig an einem zerstörten Europa. Es will das intakte und hätte, es zu erobern, auch andere Mittel. Kernwaffen benötigt nur, wer ohne sie unterliegt und dem Sieger nichts unzerstört hinterlassen will. So müßte Amerika möglicherweise Deutschland zerstören, um Frankreich zu retten, Frankreich zerstören um England zu retten, halb Europa zerstören, um die Reste seiner Armee zu retten. Daran kann — so er wollte — kein amerikanischer Präsident etwas ändern. Atombomben sind schon aus weit geringerem Anlaß geworfen worden. Auch das Massaker von Hiroshima und Nagasaki wurde hinterher damit gerechtfertigt, es habe vielleicht einigen amerikanischen Soldaten erspart, in letzter Kriegsminute zu sterben.

Atomstrategie und Bündnistreue

Schließlich betreibt Amerika amerikanische Politik. Warum also sollen 200 Millionen Amerikaner die fast 300 Millionen Europäer verteidigen? Warum gerade sie das fehlende Preußen für ewige Zeiten ersetzen? Amerika kann nicht, will auch gar nicht, was Rußland allenfalls könnte: den künftigen Kriegsschauplatz aus Europa herausverlegen. Zieht es Rußland westwärts, so Amerika keineswegs in die Gegenrichtung. Es will weder an die Wolga, noch an den Altai, nicht einmal an die Weichsel. Es will bleiben, wo es steht: an der Elbe. Lieber wochenlang eine Luftbrücke bauen, als auch nur einen Panzer gegen Berlin in Marsch setzen. Lieber den Mund voll nehmen und erklären: „Auch ich bin Berliner", als auch nur einen Schuß über die Mauer riskieren. Also bleiben Deutschland und Europa geteilt, schweben beide in steter Kriegsgefahr, das Damoklesschwert atomarer Vernichtung über den Häuptern. Washington steht nun einmal für den „Status quo" und der bedeutet: Fortdauer der Teilung, Fortdauer der Gefahr.

Jede Strategie des Überlebens aber fordert das Gegenteil: Beseitigen aller künftigen Kriegsschauplätze aus dem Umfeld Europas, Wegverlegen der lebensgefährlichen Trennlinie in das Niemandsland arktischer Eiswüsten. Hier deckt sich die Hoffnung der Europäer zu überleben mit jener des Kremls, sich ihrer Länder auf kaltem Weg zu bemächtigen. Gelingt es Moskau, den Atlantik ohne Krieg zu erreichen, dann gerät Europa fürs erste außer Gefahr, dann entgeht es mit einiger Wahrscheinlichkeit dem Schicksal, zum ersten Versuchsfeld eines Atomkrieges zu werden.

Dieses kampflose Vordringen an den Atlantik kann in der schon bekannten Gestalt eines „langsamen Marsches durch die „Institutionen" erfolgen, als schleichender, aber auch als plötzlicher Umsturz, aber auch — vielleicht sogar schneller — auf dem Umweg über Afrika, über die schon durch Afghanistan, den Jemen, Äthiopien, Angola, Mozambique und Zimbabwe vorgezeichnete Straße der Monopole. Hier an der Westküste des Indischen Ozeans, im Anschluß an das arabische Öl, findet sich in ununterbrochener Folge, was der Kreml benötigt, um seinen Widersachern in Amerika wie in Europa das Kriegführen mit zeitgnössischen Waffen auf lange Sicht unmöglich zu machen, nämlich die mächtigen — nach jenen Rußlands mächtigsten — Lager an Kobalt, Chrom, Vanadium, Uran, Gold, Platin, Molybdän, Mangan, Diamanten usw.

Diese Straße führt vom Persischen Golf zum Kap der Guten Hoffnung. Dort, am Kap der Guten Hoffnung, liegen die Schlüssel zu Europa. Heute ruhen sie noch wohlverwahrt in den Händen der Südafrikanischen Republik — wie lange noch, hängt von der Einsicht oder Torheit des Westens ab.

Gallois' These

Erreicht Moskau sein Ziel auf solchem Weg aber nicht, dann erhöht sich die nukleare Gefährdung mit jedem weiteren Jahr, das Europa ohne eigene hinreichend abschreckende Rüstung antrifft. Kein Damoklesschwert hängt ewig. Wird die Lage kritisch, zieht ein unbewehrtes Europa die Atomschläge an wie Wasseradern den Blitz.

Denn — ob so oder so — kein Zweifel besteht an der stillschweigenden Übereinkunft der beiden Atomgroßmächte, einen wo immer ausbrechenden nuklearen Konflikt nach Möglichkeit auf dem Rücken Dritter auszutragen. Es wäre wider alle Vernunft, wäre es anders. Dieses Übereinkommen braucht nirgends festgelegt sein. Ist es erst so weit, wäre es da. Wofür sonst gäbe es den heißen Draht?

Die gegenseitige Ausrottung zu vermeiden, ist für die beiden Weltmächte selbstverständlich erstes Gebot. Alles andere tritt dagegen zurück. Kein amerikanischer Präsident, kein Staatschef im Kreml, wird die nukleare Vernichtung auf sein Land heraufbeschwören, wenn er sie auf ein anderes ableiten kann, sei es nun feindlich, verbündet oder neutral. Unwiderlegbar bestätigen hier Carters offene Worte die These Gallois', des Militärberaters de Gaulles, von der grundsätzlichen Unvereinbarkeit von Bündnistreue und Atomstrategie! Wo es ums nackte Überleben geht, steht jeder für sich allein.

Doppelt wehrlos aber wird, wer sich ergibt. Denn kein noch so bereitwilliges sich Überrollenlassen schützt ihn heute vor der Wut seiner Bundesgenossen. 1940 konnte solch jähes Überrolltwerden einem Land wie Frankreich noch zum Heil ausschlagen. Ein Ausbluten wie im Ersten Weltkrieg blieb ihm erspart. 1940 hatten die Angelsachsen noch keine Atomwaffen. Sie zerschlugen die französische Flotte. Mehr konnten sie Frankreich damals nicht antun. Heute könnten sie es. Für zeitgemäße Raketen gibt es keine Entfernung. In ihrem Feuer verglüht gegebenenfalls jedes vom Feind überrollte Land. Denn Kernwaffen sind in erster Linie Waffen des Rückzuges. Man vernichtet, was man weder erobern noch halten kann und überläßt es dem Sieger als entvölkerte Wüste. Ist der Krieg erst einmal ausgebrochen, kommt jedes sich Überrollenlassen zu spät. Es müßte schon vorher geschehen, ohne Panzer, ohne Besetzung, ohne Krieg. Gangbar ist hier nur das langsame Hinübergleiten aus der alten Satellitenrolle da, in die neue dort.

Der Weg über Moskau

Damit kommen wir zum zweiten Weg denkbaren Überlebens, nämlich unter den Fittichen Moskaus.

Im Zeichen der Entspannung und der friedlichen Koexistenz käme jenes Hinübergleiten nicht nur dem Überlebenswunsch der Europäer und dem Ausdehnungsdrang Rußlands entgegen, sondern auch der verständlichen Neigung Amerikas, sich lästiger Verpflichtungen nach Möglichkeit zu entziehen. Mit Verlusten hätte es dabei kaum ernsthaft zu rechnen. Moskau würde nichts unterlassen, sich seinen Kredit zu erhalten. Kein Geschäft würde unterbunden, kein Guthaben eingefroren. Die „Multis" behielten ihren Teil und das Pentagon bekäme seine Truppen wieder. Europa jedoch wäre der Gefahr ledig, einer überseeischen Atommacht zuliebe Brückenkopf gegen Rußland zu spielen. Seine atomare Bedrohung fände sich auf das Maß anderer Weltgegenden herabgemindert und Deutschland läge — zum ersten Mal in seiner Geschichte — hinter der Front.

Lieber rot als tot

Das Schlagwort „lieber rot als tot" — von den einen voll Hohn vertreten, von den anderen mit Verachtung bekämpft — hat doppelten Boden: Falsch, wo ein Volk von seinen Söhnen den Einsatz des Lebens verlangt, richtig jedoch, steht dieses Volk selbst vor dem Abgrund. Der Einzelne muß unter Umständen auf Überleben verzichten, damit andere leben können. Sein Dasein ist befristet, so oder so. Ein Volk aber — ähnlich der Bienenkönigin — *muß* überleben. Alles andere ist zweitrangig. Die Keime müssen geschützt, die Substanz muß gerettet, das Dasein weitergereicht werden. Nicht auf die Farbe der Halstücher kommt es auf lange Sicht an, wohl aber auf die Farbe der

Haut, wohl aber darauf, ob in ferner Zukunft noch Deutsche in Deutschland leben oder Asylanten.

Der Weg unter die Fittiche des Kremls ist leicht zu gehen, weil er niemanden überfordert. Er setzt weder Mut voraus noch Charakter noch Disziplin — weder bei den Massen noch bei den Politikern. Es bedarf dazu keiner besseren Staatsmänner als der vorhandenen. Es genügt, die Dinge treiben zu lassen und sie treiben von sich aus immer bergab. Der Weg in diese Richtung ist der dem Zeitgeist bestangepaßte: Er ist der bequemste. Die Falltüren merkt man erst später.

Was nicht heißt, daß nicht auch diese Politik mit Verstand und Phantasie gemacht werden könnte — nicht in der einfallslosen Weise der Ostverträge, nicht in der billigen einfachen Kapitulation. Auch Ostpolitik läßt sich mit Intelligenz betreiben: Ohne Vorleistung, ohne Dilettantismus, ohne Preisgabe aller Trümpfe. Auch sie — siehe Finnland — erlaubt Abstufungen.

Deutsche Trümpfe

Auch Rußland braucht, was es nicht hat: einen Rückhalt. Es hat nur Satelliten. Auch Amerika braucht einen Hüter Europas und Wächter der Grenze. Und auch China an gleicher Stelle ein Gegengewicht. Obwohl von beiden Seiten heraufgeführt, wird das Machtvakuum in der Mitte Europas, je länger es währt, beiden zur uneingestandenen Last.

Auch Weltmächte geraten in Not. Das läßt sie den Partner vermissen, der sie entlasten könnte. Mit ihm wäre Amerika Europas sicher, notfalls auch ohne eigene Truppen, wüßte in gleicher Not Rußland seinen Rücken gedeckt, sähe China umgekehrt dasselbe Rußland in eben diesem Rücken in Schach gehalten.

Deutschlands Trümpfe nicht weniger als seine Schwierigkeiten folgen nicht zuletzt aus seiner Lage. Seine Schwierigkeiten braucht es nicht weiter zu pflegen. Das tun schon die anderen. Seine Trümpfe aber muß es selber ausspielen. Niemand wird ihm das abnehmen.

1955 flog Adenauer nach Moskau. Er berichtete: Chruschtschow kam wieder auf Rotchina zu sprechen: „Stellen Sie sich vor: 600 Millionen Menschen und jedes Jahr kommen neue 12 Millionen dazu. Alles Leute, die von einer Handvoll Reis leben.

Was soll — und dabei schlug er die Hände zusammen — was soll bloß daraus noch werden? Wir können diese Aufgabe lösen. Aber nur sehr, sehr schwer. Darum bitte ich Sie: Helfen Sie uns! Helfen Sie uns, mit Rotchina fertig zu werden!" Und zögernd fügte er hinzu: „Und mit den Amerikanern." Dreimal im Laufe seines Besuchs sei Chruschtschow auf dieses Thema zurückgekommen. Er wußte, daß Adenauer sein besiegtes Land wie im Handumdrehen in eine Art Großmacht zurückverwandelt hatte. Sie blieb das während der ganzen Zeit seiner Kanzlerschaft, aber keine Stunde darüber hinaus.

Diese Trümpfe wurden nicht mehr gespielt. Mit ihnen umzugehen auf mehreren Klavieren gleichzeitig zu spielen, war zu hohe Kunst. Sie nicht zu spielen, gefährdet den Frieden. Es sind Trümpfe auf Abruf. Das Faustpfand der deutschen Wirtschaft, die Rüstung der Bundeswehr, die Unentbehrlichkeit der Deutschen als Verbündete da und als Verbündete dort, sie alle haben Gewicht nur, solang die Waffen noch schweigen. Käme es zu Krieg in Europa, wären sie sämtlich zunichte. Im Kriegsfall hatte die deutsche Politik keinen Stich mehr.

Auf den Frieden aber ist wenig Verlaß. Der Krieg ist da, sobald man ihn ruft. Frieden hat nur, wer ihm nicht nachläuft und nie ist seiner sicher, wer von ihm abhängt. Auch gilt von ihm, was Napoleon vom lieben Gott behauptet: er sei stets bei den stärkeren Bataillonen. Die schwächeren riskieren den Krieg. Wer den Frieden liebt, muß mit dem Krieg jeden Abend zu Bett gehen, ihn, so gut es eben geht, in friedlicher Zeit schon vorweg nehmen, dann erübrigt er sich möglicherweise.

Auf der einen Seite des Vorhangs hat man das sehr wohl begriffen, nicht auf der anderen. Früher galt schon der herkömmliche Krieg als „Ultima ratio". Heute ist er nurmehr Vorspiel, Drohung, Ersatz, das unentbehrliche militärische Kleingeld; Ultima ratio ist der Atomkrieg. Der aber gleicht einem Duell auf zehn Schritt mit Maschinenpistolen. Zweck hat er nur, wenn eine Seite die Fassung verliert. Das wiederum widerfährt kaum, wem Maschinenpistolen längst zum alltäglichen Spielzeug geworden sind. Gilt das für beide, findet das Duell eben nicht statt.

Krieg in voller Rüstung lohnt nur noch nach schon gewonnenem Nervenkrieg.

Einhellig gehen NATO- und Warschaupakt davon aus, daß Deutsche notfalls bereit sein würden auf Deutsche zu schießen. Ebenso einhellig steht dem der Wille Deutschlands — des einen, aber stummen Deutschland — entgegen. Doch schwingt bei den Verbündeten da wie bei den Verbündeten dort die Hoffnung mit, es könnte — dank härteren Willens oder besserer Überzeugung — „ihren" Deutschen gelingen, die der anderen Seite vom Schießen abzuhalten und entweder zu entwaffnen oder zu sich herüberzuziehen — eine gefährliche Hoffnung, denn sie verwirrt eine sonst zwar unerfreuliche, aber eindeutige Lage, verlockt zu waghalsigen Gewaltstreichen und verspielt nur nutzlos den Frieden.

Friede herrscht nur, solange beide Seiten einander todernst nehmen und keine Schwäche und keine Weichheit die Gegenseite zu falschen Schlüssen oder gefahrvollen Unternehmen verleitet. Stehen hingegen zwei deutsche Staaten einander wie Stahlblöcke gegenüber, wird über *sie* hinweg in Europa auch kein dritter Weltkrieg ausbrechen. Das bedarf keines beiderseitigen Einverständnisses, nur beiderseitiger Klarsicht, verlangt aber ein Heer, das seinen Namen verdient und ein Volk, das sich seiner Rolle bewußt ist.

Überleben jedenfalls werden die Deutschen weit eher noch als Nation, denn als bloße Bevölkerung.

Gottes Mühlen mahlen langsam

Immer ist Politik Wahl zwischen zwei Übeln, nur selten zwischen so schweren, daß man sie öffentlich gar nicht mehr zur Kenntnis nimmt: Verlust der Freiheit oder Verlust des Lebens, darum geht es. Für den Einzelnen mag die verlorene Freiheit das Schlimmere sein, für einige wenige noch schlimmer die verlorene Ehre. Für ein Volk gelten andere Maßstäbe: nur wer überlebt, kann seine Unabhängigkeit, sein Selbstverständnis wiedergewinnen und wär's nach Jahrhunderten.

Die Kraft zur Erneuerung kommt allemal aus der Tiefe und hat ihrer Stunde zu harren. Bloß unsere Zeit will alles sofort. „Die Tugend geschlagener Völker ist die Geduld und nicht die Resignation" (Oswald Spengler).

Polen war 350 Jahre geteilt, Irland über 300 unter britischer Herrschaft, Griechen, Serben, Bulgaren und Rumänen an 600 unter türkischer, die Spanier zum Teil 800 unter arabischer, um von den Kurden erst gar nicht zu reden, auch nicht von den Juden. Was bedeuten dagegen die erst 35 Jahre deutscher Teilung, die erst 35 Jahre der uns vorenthaltenen Ostgebiete? Zehn bis zwanzigmal so lang waren jene Völker unterdrückt und haben doch alles, worauf es ankommt, gerettet: ihre Seele, ihre Substanz und den Boden unter den Füßen.

Was ihnen sämtlich die Kraft dazu gab, kam aus tieferen Quellen als jenen der Politik. Deren Bereich ist bloß die sichtbare Welt. Wessen Eigenwille über Jahrhunderte hinweg nicht zu brechen ist, schöpft aus Bezirken, die äußerer Gewalt keinen Zutritt gewähren. Kein geknechtetes Volk überstand weite Durststrecken je ohne Rückhalt an Werten, die ihm höher noch standen, als das eigene Überleben.

„Jedes Volk" — so schreibt Dostojewski — ist nur solange Volk, wie es noch seinen besonderen, seinen ihm eigenen Gott hat und die Götter der anderen von sich stößt."*

Nur solange bleibt es unbestechlich, nur solange fechten es Glanz und Reichtum der Sieger nicht an, nur so lange widersteht es der Verlockung, sich um eines leichteren Lebens willen deren Art und Gedankenwelt anzubequemen. Die Iren blieben standhaft sogar, obwohl sie — ein einzigartiger Fall in der Geschichte — ihre Sprache an die Unterdrücker verloren.

Gottes Mühlen mahlen langsam. Die Lehre des Kung-fu-tse brauchte zweihundert Jahre, bis sie öffentlich zum Druchbruch gelangte, das Christentum sogar dreihundert.

Wem das zu langsam ist, wer alles sofort will, darf die Waffen nicht scheuen. Es gibt nur diese zwei Wege und beide — der gewaltsame und der gewaltlose — verlangen die Bereitschaft zum Opfer. Ohne sie, ohne solche Bereitschaft, verfehlen beide ihr Ziel. Auch die Flucht in ein Bündnis.

---

* Dostojewski — dem größten unter den Kündern eines „heiligen", einer johannäischen weit in die Zukunft hinein gesehenen Rußland (Oswald Spengler: „dem Christentum Dostojewskis gehört das nächste Jahrtausend") ist in diesem Zusammenhang Gott der von einem bestimmten Volk so und nicht anders erlebte, so und nicht anders empfundene und darum auch für sich allein beanspruchte höchste Beschützer; mögen dabei noch so viel verschiedene Völker — etwa Polen oder Russen — denselben Gott haben. ER ist derselbe, nicht aber die Wege seiner Kinder zu ihm.

Flucht in das Bündnis

Sie beginnt als Flucht in die Technik: Maschinen sollen Menschen ersetzen, Waffen Männer, die nuklearen Sprengköpfe der Amerikaner die fehlenden Divisionen der Europäer. Das tun sie auch und sind genug Neutronengeschosse* vorhanden, dann sogar in einem bisher ungekannten Maße — *solange* noch Friede herrscht, keinen Augenblick länger. Ist erst einmal Krieg, werden dieselben Waffen, die eben noch dem Schutz Europas gedient haben, ganz folgerichtig zu Mitteln seiner Zerstörung, folgerichtig auf Grund einer von vornherein defensiv angelegten Strategie. Sie hat ihre selbstverständlichen Grenzen. Verfehlt die Abschreckung ihren Zweck, und das wahrscheinlich durch vorwiegende Schuld der Europäer (Ablehnung der Neutronenwaffe, unzureichende Rüstung, fehlender Wehrwille), dann ist auch die Verteidigung Europas in Frage gestellt und unter Umständen für die Amerikaner das Beste, ihren Brückenkopf zu räumen und für den Feind zu entwerten.

Wer sich von anderen beschützen läßt, muß auch deren Strategie hinnehmen. Friede und Freiheit sind niemals umsonst. Nur die Europäer wollen sie geschenkt — geschenkt ausgerechnet von Amerika. Dabei war es Roosevelt, der schon 1943 erklärt hatte „die europäischen Völker würden die russische Herrschaft eben ertragen müssen" und dann dem Kreml auch tatsächlich halb Europa als Beute hinwarf (die Europäer benannten dafür allenthalben Plätze und Straßen nach ihm); war es Kissinger, immerhin amerikanischer Außenminister, der den „US News and World Report" wissen ließ, bis 1984 sei auch der Rest Europas marxistisch.

Bereits zwei Jahre vorher, 1972, war es keineswegs Moskau allein, das auf verläßliche Ratifizierung der Ostverträge gedrungen hat. Hinterrücks geschah Gleiches von anderer Seite. Es gibt eben zweierlei Amerika, eines vor den Kulissen und eines dahinter, eines der NATO und des Pentagon, und eines des

---

* Zum Unterschied von anderen nuklearen Gefechtsfeldwaffen, durchdringt die Strahlung der detonierenden Neutronengeschosse jeden Panzer. Sie sind daher der Schrecken großer Panzerarmeen und nehmen ihnen ihre Überlegenheit. Da ihr Wirkungsbereich kleiner ist als die anderer taktischer Kernwaffen, eignet sie sich besser als diese für den gezielten Einsatz gegen angreifende Truppen u.zw. ohne schädliche Nebenwirkung auf etwas entfernter liegende Siedlungen.

CFL,* eines als Verbündeten und eines als Verkäufer von Faustpfändern. Das ist keine Entschuldigung für die Deutschen. Die Mark stand 1972 noch besser als der Dollar. Noch war Erhards Kapital nicht verschleudert, noch konnte die Bundesrepublik mit goldenen Kugeln schießen. Amerika hatte nichts, ihr zu drohen, außer böswilliger Propaganda und die gab es sowieso, unentwegt und beharrlich, nicht amtlich zwar, aber in aller Öffentlichkeit als permanentes gutes Geschäft. Trotzdem, Amerikas Wunsch war Befehl. Washingtons allergetreueste Opposition — des deutschen Bundestages ewig zwielichtige Unionspartei — ging in die Knie, verriet den deutschen Osten und enthielt sich der Stimme.

Waffe ohne Gnade

„Wer nicht schießen will, muß eben verhandeln", sagt uns ein deutscher Außenminister. Wer um keinen Preis schießen will, kann gar nicht mehr verhandeln, lehrt die Geschichte. Er kann nur die Waffen strecken. „Auch der Staat ist nur ein Betrieb!" erklärt der gleichzeitige Bundeskanzler. Wer aber stirbt schon für einen Betrieb? Ihm kann man kündigen. Ein Staat aber ist das Schicksal. Ein ganzes Volk kann nicht auswandern. Sinkt das Schiff, sinkt die Besatzung mit und Rettungsboote gibt es hier keine.

Einen Staat als Betrieb, ein Heer als Gewerkschaft, dazu statt Außen- auch noch Weltinnenpolitik — so etwas kann sich, obwohl gedeckt durch seine zwei Ozeane und gesegnet mit allen Gütern der Erde, nicht einmal Amerika für lange Zeit leisten. Überleben ist eine Angelegenheit aller, nicht nur jener, die ihr Land lieben; auch der vielen, die es ohne Liebe bewohnen; sogar derer, die für solche Liebe nur Hohn und Spott übrig haben. Sogar sie, die Deutschlands Niederlage heute noch nachfeiern — sogar sie sitzen mit im selben Boot. „die Weltgeschichte ist unerbittlich" (Sander). Kernwaffen sind Sinnbilder der Gleichheit. Wie die Verratenen treffen sie auch die Verräter. Fährt das Schiff in die Tiefe, verschont sein Sog auch die von Bord gegangenen Ratten nicht.

* Club on Foreign Relations

Das gemeinsame Boot

Heute gleichen Deutschland und Europa einer Frau zwischen zwei ungeliebten Männern — der eine bereit, sie bei erstbester Gelegenheit preiszugeben, der andere gewillt, sie um jeden Preis in seine Gewalt zu bringen. Wer sich begehrt weiß, kann sich entsprechend verkaufen.

„Wenn die Revolution gesiegt hat, wird sie ihr Hauptquartier nach Berlin verlegen." Das hat Lenin gesagt. Rußland braucht diese Ergänzung, Amerika nicht. Es will nur die Märkte. Amerika braucht kein anderes Land, es sei denn ausnahmsweise ob seiner Rohstoffe, es sei denn — im Kriegsfall als Lieferant von Kanonenfutter. In der Not also sitzen Europäer und Amerikaner in verschiedenen Booten, die Europäer aber allesamt nur in einem. Hier genügt kein gemeinsamer Markt, hier genügt nur ein gemeinsames Steuer, eine gemeinsame Außenpolitik.

Einem scheidenden Botschafter sagte Adenauer einmal: „Ich werde es nicht mehr erleben, aber sie werden sehen, die Russen kommen noch an den Rhein und de Gaulle irrt, wenn er meint, sie werden dort stehen bleiben".

Auch in Frankreich gibt es zwei Wege des Überlebens: entweder in Freiheit oder in Unfreiheit. Auch hier verlangt das eine so gut wie gar keine Anstrengung, das andere setzt unendlich viel mehr voraus und nicht nur an Staatskunst. Alle Wege des Überlebens erfordern Verzichte. Beim Überleben in Freiheit stehen sie am Anfang, wählt man die Unfreiheit, kommen sie hinterher. „Wer das Leben gewinnen will" — so sagt die heilige Schrift — „muß über seine persönliche Freiheit hinausblicken". Nicht ohne Grund sprach de Gaulle den Franzosen von der „grandeur". Ohne die Größe des Ganzen gibt es auch die Freiheit des Einzelnen nicht.

Amerikas Kraft reicht gerade noch dazu aus, Europa notfalls zu zerstören, die Rußlands nur soweit, es zu unterwerfen. Bleibt China. China aber und der liebe Gott helfen nur dem, der sich selbst hilft.

Gerhard Hubatschek

Deutschland und die militärstrategische Lage

Vorbemerkung zur wehrpsychologischen Lage

Die mit der Frage der „Nachrüstung" bei den Mittelstreckenwaffen ausgelöste Debatte hat eine tiefe Verunsicherung in den Grundfragen der politischen Funktion militärischer Macht sowie ein beträchtliches Informationsdefizit in den Fragen der militärpolitischen und strategischen Doktrinen von Ost und West zutage gefördert.

Man sollte sich durch die Tatsache, daß die fälschlicherweise so genannte „Friedensbewegung" — unabhängig von den auch weiterhin zu erwartenden Massenauftritten — im Grunde noch immer nur eine politische Randgruppe darstellt, nicht täuschen lassen: Die unvermittelt empfundene Skepsis und Angst vor den Rüstungspotentialen im allgemeinen und den Atomwaffen im besonderen und das hieraus resultierende Mißtrauen gegen eine sich im starken Maß auf nukleare Abschreckung stützende Sicherheitspolitik hat weit größere Kreise der Bevölkerung erfaßt, als das begrenzte Aktivpotential der Friedensbewegung erwarten läßt.

Die derzeitige wehrpsychologische Lage in der Bundesrepublik ist nach Jahren der Verdrängung der militärischen Fragen nicht zuletzt von dem Phänomen bestimmt, daß diejenigen Mittel der eigenen Politik, die für erforderlich gehalten werden, um der militärischen Bedrohung durch die Sowjetunion entgegenzuwirken und auf diese Weise die Ursache von Angst zu beseitigen und „Sicherheit" zu bieten, in seltsamer Umkehrung von Ursache und Wirkung nun ihrerseits als Quelle der Angst empfunden werden und zu Verunsicherung und Unsicherheit führen. Auf eine Kurzformel gebracht: Die Furcht vor den eigenen Waffen scheint größer zu sein, als die Furcht vor den räumlich entfernteren überlegenen Waffen des potentiellen Feindes.

Diese Verunsicherung kommt freilich nicht von ungefähr. Sie ist zum einen das Ergebnis einer nun zehnjährigen unzulänglichen und irreführenden Informationspolitik in den entscheidenden Fragen der Sicherheit. Sie ist zum anderen vor allem die Folge zahlreicher Widersprüche und schwerwiegender Versäumnisse in der Sicherheits- und Verteidigungspolitik der Bundesregierung in den letzten zehn Jahren.

Von de Gaulle stammt das Wort: „Die militärischen Fragen sind der Kern aller Politik". Die „Lage der Nation" wird heute mehr denn je von den militärischen Fragen und der militärstrategischen Lage im Ost-West-Verhältnis bestimmt. Die beiden deutschen Staaten stehen sich in den Militärblöcken von NATO und Warschauer Pakt im Zentrum der Konfrontation gegenüber. Die „DDR" ist „Sturmausgangsstellung" für die stärkste Gruppierung sowjetischer Streitkräfte in Europa. Die Bundesrepublik bildet die Gefechtzone für die Verteidigung Westeuropas, das im globalen Gefüge als „strategischer Brückenkopf" der Vereinigten Staaten fungiert.

Mit der Integration in das westliche Bündnis suchte die Bundesrepublik „Sicherheit" für die 60 Millionen Angehörigen des deutschen Volkes in diesem Staat. Nach über zehnjähriger Ost- und Entspannungspolitik erscheint diese Sicherheit unter dem Schatten von etwa 300 auf Westeuropa gerichteten SS-20-Raketen der Sowjetunion als derzeit augenfälligster Ausdruck eines überlegenen sowjetischen Militärpotentials mehr und mehr gefährdet. Es ist verständlich, wenn in dieser Lage nach politischen und militärstrategischen „Alternativen" Ausschau gehalten wird. Auch die Präambel des Grundgesetzes, mit der der eigentliche Staatszweck der Bundesrepublik zum Ausdruck gebracht wird, verpflichtet zu einer Politik, die auf die Überwindung des „Status quo" gerichtet ist. Es wäre jedoch eine verhängnisvolle Illusion zu glauben, sich der seit nunmehr über 30 Jahren entstandenen militärisch-machtpolitischen Lage in Europa entziehen zu können. Gerade weil die heutige Lage vor allem durch die Realität der militärischen Machtverhältnisse bestimmt wird, ist eine vorurteilsfreie Hinwendung zu den militärischen Fragen das Gebot der Stunde. Dies kann sich jedoch nicht in einer „Augenblicksaufnahme" erschöpfen. Die komplizierten Wechselwirkungen von Strategie und Streitkräften der beiden Blöcke als Instrumente der Politik, das Verhältnis von nuklearer und konventioneller militärischer Macht in den jeweiligen strategischen Doktrinen sowie die unterschiedlichen Aspekte einer kontinentalen und globalen Betrachtung werden erst in Kenntnis der entscheidenden Phasen der Strategieentwicklung beider Blöcke verständlich. Nur aus dieser Gesamtschau heraus können erneute Fehlschlüsse bei der Beurteilung der sicherheits- und militärpolitischen Lage vermieden werden.

Das Gleichgewicht der Kräfte als Fundament der Sicherheit?

Die Sicherheits- und Verteidigungspolitik des Westens und insbesondere der Bundesrepublik ist seit Jahren von einem zunehmenden Widerspruch gekennzeichnet. Mehr und mehr scheint es nur noch eine Frage der Zeit, bis sie an diesem Widerspruch scheitern wird. Auf der einen Seite wird das Gleichgewicht der militärischen Kräfte von NATO und Warschauer Pakt als die entscheidende und unverzichtbare Voraussetzung für die Erhaltung des Friedens, die Wahrung von Sicherheit und Freiheit der Länder des westlichen Bündnisses sowie für eine erfolgreiche Fortsetzung der Entspannungspolitik bezeichnet. Auf der anderen Seite ist diese Prämisse durch eine forcierte sowjetische Aufrüstung in allen Rüstungsbereichen sowie durch unübersehbare Veränderungen im militärischen Ost- West-Kräfteverhältnis längst in Frage gestellt.

Mit wortreichen Erklärungen maßgeblicher Politiker zur Bedeutung des militärischen Gleichgewichts könnte man Bände füllen. Bundeskanzler Schmidt verweist gerne darauf, daß er bereits 1969 als „Verteidigungsminister in spe" seine sicherheitspolitischen Überlegungen unter dem programmatischen Titel „Strategie des Gleichgewichts" angeboten hat. Dabei hob er dieses Prinzip ausdrücklich als gemeinsame Überzeugung bundesrepublikanischer Sicherheitspolitik hervor: „Ob Brandt und Wehner, ob Kiesinger, Barzel, Strauß oder Scheel: Jeder weiß von der Notwendigkeit, das Gleichgewicht zu wahren, um den Frieden zu wahren".[1] Selbst Willy Brandt, der mit der „Ost- und Friedenspolitik" die sowjetische Auffassung übernommen hatte, die Spannungen zwischen Ost und West seien vor allem auf die Weigerung der Bundesrepublik zurückzuführen gewesen, die mit Ende des 2. Weltkrieges geschaffenen Realitäten in Europa anzuerkennen, und der nach dem sowjetischen Einmarsch in Afghanistan eine zunehmende Militarisierung des Denkens auf westlicher Seite beklagte, sah sich als Bundeskanzler veranlaßt, im Vorwort zum Weißbuch 1971/72 die Bedeutung des Gleichgewichts zu unterstreichen: „Die Sicherheit unseres Landes wie die unserer Nachbarn hängt vom Gleichgewicht der militärischen Kräfte ab."[2]

Nach über zehnjähriger, angeblich erfogreicher „Friedens- und Entspannungspolitik sah sich Bundeskanzler Schmidt genötigt, eindringlicher denn je, auf die Notwendigkeit der Sicherung des Gleichgewichts hinzuweisen:

„Das politisch-militärische Gleichgewicht ist die Voraussetzung unserer Sicherheit, und ich warne davor, daß es irgendetwas geben könnte, das uns erlauben würde, die Aufrechterhaltung dieses Gleichgewichts zu vernachlässigen. Es ist nicht nur Voraussetzung der Sicherheit, sondern auch Voraussetzung für einen fruchtbaren Fortgang der Entspannung."[3]

Bei der so begründeten herausragenden Bedeutung des militärischen Gleichgewichts versteht es sich von selbst, daß die sorgfältige Analyse und kritische Bewertung der Entwicklung des Kräfteverhältnisses geradezu ein Hauptmerkmal unserer Sicherheitspolitik sein müßte und sich deren Stärke und Glaubwürdigkeit vor allem in der Fähigkeit und Entschlossenheit zu schneller und angemessener Reaktion in allen Fällen der Störung dieses Gleichgewichts zu erweisen hätte. Mit anderen Worten: die militärischen Fragen müßten in der Tat als „Kernfragen" der Politik betrachtet werden.

Nimmt man jedoch die Sicherheits- und Verteidigungspolitik des Westens und die der Bundesrepublik unter diesem Kriterium unter die Lupe, so beginnen sich erhebliche Zweifel an deren Glaubwürdigkeit einzustellen. Eine erschreckende Kluft zwischen Rede und Tat tut sich auf.

Zwar wird seit über zehn Jahren behauptet, das militärische Gleichgewicht sei gesichert und es bestehe kein Grund zur Sorge, doch mußten Beteuerungen im Spiegel der nicht abreißenden Meldungen über die sowjetische Aufrüstung und der eindringlichen Warnungen vor einer sowjetischen Überlegenheit aus durchaus berufenem Mund zunehmend an Glaubwürdigkeit verlieren und mehr und mehr als bloße Beschwichtigungsformel erscheinen.

Der Höhepunkt dieses Widerspruchs war erreicht, als die Bundesregierung vor drei Jahren in einer Bilanz ihrer zehnjährigen Sicherheitspolitik behauptete „das Gleichgewicht ist gesichert" und „der Friede war noch nie so sicher wie heute", gleichzeitig aber die Bevölkerung mit der Forderung konfrontierte, durch Stationierung von über 500 nuklearen Mittelstreckensystemen ein „annäherndes Gleichgewicht" in Europa wiederherzustellen.

Nun gibt es zugegebenermaßen einen Spielraum in der Beurteilung des militärischen Kräfteverhältnisses. Daß Gleichgewicht nicht „Gleichstand" Mann für Mann, Panzer für Panzer und Rakete für Rakete bedeuten muß, ist eine Binsenweisheit.

Beim Vergleich der unterschiedlich strukturierten Streitkräftepotentiale beider Seiten gilt es, eine Vielzahl von Faktoren quantitativer und qualitativer Art bis hin zu den wirtschaftlichen und demographischen sowie politisch-psychologischen Bedingungen der Paktsysteme unter den Erfordernissen der strategischen Prinzipien beider Seiten gegenüberzustellen und zu bewerten.

Dies zwingt zur Sorgfalt und läßt vorschnelle Urteile nicht zu. Aus dieser Tatsache kann jedoch keine Generalklausel zur beliebigen „Relativierung des militärischen Kräfteverhältnisses abgeleitet werden, wie dies mehr und mehr mit dem Ziel der Desinformation oder der Rechtfertigung einer verfehlten Sicherheitspolitik geschehen ist.

Wie immer man den Stand des Kräfteverhältnisses in den letzten zehn bis fünfzehn Jahren auch beurteilt haben mag, die einschneidenden *Veränderungen,* die sich in diesem Zeitraum zugunsten des Warschauer Paktes vollzogen haben, sind weder zu übersehen noch zu leugnen:

Der Sowjetunion ist es gelungen, die ursprüngliche strategisch-nukleare Überlegenheit der Vereinigten Staaten zu brechen. Sie hat sich entgegen allen Erwartungen mit dem „Patt" der Supermächte, das sie zu Beginn der siebziger Jahre als den größten Erfolg seit Potsdam bejubelte, nicht begnügt. „sie unternimmt alle Anstrengungen, nun auch noch die „superiority" zu erringen."[4]

Sie ist zu einer den Vereinigten Staaten ebenbürtigen maritimen Weltmacht geworden und verfügt heute über die Fähigkeit zu globalen Seeoperationen und weltweiter militärischer Präsenz.

In Europa hat die Sowjetunion die ursprüngliche konventionelle Überlegenheit des Warschauer Paktes konsequent weiter ausgebaut, nunmehr aber durch eine taktisch-nukleare Überlegenheit sowie durch eine absolute Dominanz bei den Nuklearwaffen im eurostrategischen- und Mittelstreckenbereich ergänzt.

Insgesamt hat der Warschauer Pakt seine militärische Stärke in den letzten 15 Jahren um über 1 Millionen Mann erhöht, der Westen seine Streitkräfte um annähernd den gleichen Umfang reduziert. Die ursprüngliche qualitative Überlegenheit des Westens besteht nicht mehr.

Geht man daher von einem Gleichgewicht der Kräfte Mitte der sechziger Jahre oder Anfang der siebziger Jahre aus — und niemand ging zu dieser Zeit von einer militärischen Gesamtüberlegenheit des Westens aus — so kann angesichts dieser Veränderungen heute von einem Gleichgewicht wohl kaum mehr die Rede sein.

Diese entscheidenden Veränderungen aber kann eine verbal auf der Prämisse des Gleichgewichts beharrende Sicherheitspolitik nicht zugeben.

Angesichts dieser Entwicklung nimmt es nicht wunder, wenn die Formel vom Gleichgewicht der Kräfte neu interpretiert und mehr und mehr durch andere Faktoren überlagert wurde.

Die Ersatztheorie von der „Symmetrie der Sicherheit"

Die besonders in den sechziger Jahren stark favorisierte, durch die weitere Entwicklung jedoch eindeutig widerlegte

„Konvergenztheorie" — die Theorie von der Annäherung der politischen und gesellschaftlichen Systeme von Ost und West — hat seit einiger Zeit eine Ergänzung im sicherheitspolitischen und strategischen Bereich erhalten.

Es ist unverkennbar, daß die sicherheitspolitische Entwicklung der letzten Jahre im starken Maß von der immer deutlicheren Tendenz geprägt ist, die Forderung nach dem militärischen Gleichgewicht der Überzeugung unterzuordnen, das Ost-West-Verhältnis werde — unabhängig vom militärischen Kräfteverhältnis im einzelnen — mehr und mehr durch gleichgelagerte „defensive Sicherheitsinteressen" *beider Seiten* bestimmt.

Die Vorstellung von einer „Symmetrie der Sicherheit" ist seit geraumer Zeit zur eigentlichen Grundlage der Sicherheitspolitik geworden. Sie findet ihren Ausdruck in der von Schmidt geprägten Formel von der „Sicherheitspartnerschaft" zwischen Ost und West, die mehr und mehr in den Mittelpunkt der Agitation tritt.

Lag der Konvergenztheorie die Überzeugung zugrunde, daß die „ideologie- und wertfreien" Erfordernisse von Technisierung und Industrialisierung mit ihrem Zwang zu rationalem Denken und Handeln die ideologischen Unterschiede der Systeme im zunehmenden Maß überlagern und schließlich beseitigen werden, so liegt der Annahme von der „Symmetrie der Sicherheit" in Ost und West offensichtlich die Vorstellung zugrunde, daß von der existenzbedrohenden Vernichtungsgewalt der modernen Rüstungspotentiale ein in Ost und West gleichermaßen wirksamer Zwang zu Rationalität und Vernunft ausgeht und in Verbindung mit den strukturellen und technologischen Gemeinsamkeiten moderner Streitkräfte zur Beschränkung auf einen „defensiven Sicherheitsbegriff" und damit zu einer weitgehenden Deckungsgleichheit der strategischen Prinzipien von Ost und West mit dem singulären Ziel der Kriegverhinderung führt.

Dabei wird die Auffassung vertreten, diese Entwicklung wäre auch dadurch bedingt, daß sich die „Defensive" zum prinzipiell überlegenen Prinzip der Kriegführung entwickelt habe: „In einem System, das zumindest auf der strategisch-militärischen Ebene immer noch bipolar ist, hat sich das Verhältnis grundlegend zugunsten der Defensive verändert."[5]

In den Vereinigten Staaten wurde die Vorstellung von der Kongruenz der Strategien darüberhinaus durch die überhebliche

Überzeugung genährt, die Sowjetunion wäre zu einem eigenständigen nuklear-strategischen Denken gar nicht fähig und hätte sich darauf beschränkt, die amerikanischen Prinzipien zu übernehmen.

Im Kern liegt dieser sicherheitspolitischen Theorie hinsichtlich der Ziele und Absichten der sowjetischen Politik eine Folge von Annahmen zugrunde:

Den Ausgangspunkt bildet die Überzeugung, daß sich auch die Sowjetunion einem existenziellen Zwang zur Vermeidung des Nuklearkrieges nicht entziehen kann. Hieraus wird die Folgerung abgeleitet, daß auch Moskau den Krieg nicht länger als legitimes Mittel der Politik betrachtet und deshalb nicht nur auf die Anwendung militärischer Gewalt, sondern darüberhinaus — auf der Grundlage eines machtpolitischen und militärischen Gleichgewichts mit dem Westen — auch auf eine offensive Politik mit dem Ziel der Veränderung bestehender Machtverhältnisse zu verzichten bereit ist.

Nur unter diesen Prämissen konnte Bundeskanzler Schmidt bereits vor mehreren Jahren von einer Harmonie der Sicherheitsinteressen sprechen und in einer Rede an der Harvard-Universität die „Sicherheitspartnerschaft" zwischen Ost und West betonen — eine Formulierung, die nur dann einen Sinn ergibt, wenn der Sowjetunion ein dem Westen entsprechendes *defensives* Sicherheitsverständis unterstellt wird.

Klaus von Schubert, Professor an einer Bundeswehrhochschule und einer der sicherheitspolitischen „Vordenker" der SPD, behauptete im Sinne dieser Theorie, bei den „Konfliktpartnern" in Ost und West herrschen heute „unter der allseitigen Vernichtungsdrohung defensive Interessen vor"[6] und Minister von Bülow stellte als parlamentarischer Staatssekretär des Verteidigungsministers im Juni 1979 fest: „Aus der Politik beider Weltmächte spricht zur Zeit das gleichartige Interesse, weltweit Gleichgewicht zu bewahren."[7]

Daß der Sowjetunion nach dem Grundsatz von der Symmetrie der Sicherheit eine offensive Zielsetzung ebensowenig unterstellt wird wie das Streben nach militärischer Überlegenheit, wird auch aus dem Außenministerium der Bundesrepublik bestätigt: „Sicherheitspolitisch kennzeichnend sind die Fähigkeit und Entschlossenheit sowohl der westlichen wie der östlichen Gruppierung, im Gesamtkräfteverhältnis nicht in einen Zustand der Unterlegenheit zu geraten.[8]

Große Bedeutung und ein hohes Maß an Beweiskraft im Sinne der angeführten Theorie von der Symmetrie der Sicherheit durch Beschränkung auf einen defensiven Sicherheitsbegriff mißt die Bundesregierung der 1978 bei Breschnews Besuch in Bonn erzielten Übereinkunft zu, von einem Gleichgewicht der Kräfte auszugehen und auf militärische Überlegenheit zu verzichten.

Von der Überzeugung, die sowjetische Politik werde von defensiven Sicherheitsinteressen geprägt, ist nach der Lehre vom Primat der Politik nur ein logischer Schritt zu Wehners wiederholter Behauptung vom „defensiven Charakter" der sowjetischen Rüstung.

Andererseits erklärte der ehemalige Außenminister der Vereinigten Staaten Haig anläßlich seines Rücktritts als NATO-Oberbefehlshaber in Europa im Januar 1979: „Es gibt kein Anzeichen für ein Nachlassen der hemmungslosen Rüstung der Sowjetunion."[9]

Ein Jahr später beschloß das ZK der KPdSU eine „maximale Verstärkung des sowjetischen Militärpotentials" und bestätigte auf diese Weise die Festellung Haigs.

Wie immer das Modell von der Symmetrie eines defensiven Sicherheitsverständnisses von Ost und West auch begründet wird, unbeantwortet bleibt die Frage, warum die Sowjetunion ihre Hochrüstungspolitk dennoch munter fortsetzt.

Diese Frage ist vor allem deswegen wichtig, weil nach dem Primat der Politik die Streitkräfte ausschließlich als Instrument der Politik zu betrachten und insofern nach Stärke, Struktur, Erziehung und Ausbildung von den *politischen Zielen und Absichten* eines Landes bestimmt werden. Durch diese Kausalität ist es nicht nur legitim, sonden geradezu zwingend geboten, von der Art und Weise der Ausgestaltung der militärischen Macht auf die deren politischen Ziele und Absichten zu schließen. Dies gilt besonders für die Sowjetunion, in der der Primat der Politik nicht nur konsequent, sondern unbestrittenermaßen totalitär gehandhabt wird.

Die Antworten, die auf die Frage nach den Gründen für die Fortsetzung der sowjetischen Hochrüstungspolitik gegeben werden, sind wenig überzeugend, teilweise sogar äußerst fragwürdig.

Egon Bahr versuchte vom eigentlichen Problem mit der Erklärung abzulenken, die Sowjetunion sei in der Zeit Konrad Adenauers eine militärische Supermacht geworden und habe danach „lediglich weitergerüstet".

Auch Horst Ehmke verfälschte das Bild der Entwicklung mit der wiederholten Behauptung, die Sowjetunion habe in der Zeit des Kalten Krieges und nicht in der Phase der Entspannung aufgerüstet.

In eine etwas andere Richtung argumentiert der Direktor des „Internationalen Instituts für Strategische Studien" in London, Christoph Bertram, mit der Auffassung, die sowjetischen Rüstungsprogramme „scheinen weniger auf bewußter politischer Steuerung zu beruhen, als vielmehr auf gedankenloser Fortschreibung."[10]

Als Ursache hierfür werden nicht selten der „militärisch-industriellbürokratischer Komplex" der Sowjetunion und die mangelnde Beweglichkeit der sowjetischen Planwirtschaft angeführt.

Ferner wird immer wieder die Erklärung herangezogen, die Sowjetunion hätte aus „leidvoller geschichtlicher Erfahrung" verständlicherweise ein „übersteigertes Sicherheitsbedürfnis" und einen „Hang zur militärischen Überversicherung". Dieses Argument wird auch von Bertram angeführt, ohne allerdings darauf hinzuweisen, daß der sowjetische Hang zur „Überversicherung" durch die für die Sowjetunion ungleich günstigeren geostrategischen Bedingungen in Europa hinreichend abgedeckt ist und daher keineswegs durch einen „Überhang" an militärischen Kräften befriedigt werden muß.

All diese Deutungen können weder die sowjetische Aufrüstung erklären, noch vermögen sie den Widerspruch zur behaupteten Defensivpolitik Moskaus aufzuheben.

Für die weitere sicherheitspolitische Entwicklung und für die Stabilisierung der wehrpsychologischen Lage ist die Auseinandersetzung mit der Vorstellung von der „Symmetrie der Sicherheit" und einer „Sicherheitspartnerschaft" mit der Sowjetunion von entscheidender Bedeutung. Mit der Annahme einer grundsätzlich defensiven Zielsetzung der sowjetischen Politik sowie der Bereitschaft Moskaus, auf militärische Überlegenheit zu verzichten und auf die Sicherung des Gleichgewichts hinzuwirken, scheint die westliche Prämisse vom Gleichgewicht der Kräfte bestätigt und der Westen von der Notwendigkeit entbunden, dieses Gleichgewicht durch eigene Rüstungsanstrengungen gegen einen sowjetischen Überlegenheitsanspruch durchsetzen zu müssen. In diesem Fall könnte der Westen seine Hoffnungen tatsächlich darauf gründen, daß das angestrebte Gleichgewicht über kurz oder lang durch eine Beschränkung der sowjetischen Rüstung im Zuge von Rüstungskontrollverhandlungen und durch „vertrauensbildende Maßnahmen" erreicht wird.

Bei einer kritischen Prüfung dieser Theorie erweist sich jedoch sehr schnell, daß bereits die Annahme, die Sowjetunion schließe den Krieg als Mittel der Politik aus, nicht haltbar ist. Gleiches gilt für die hieraus abgeleitete Vorstellung von den defensiven Zielen der sowjetischen Politik sowie von einer Kongruenz der beiderseitigen strategischen Prinzipien.

Die sowjetische Auffassung vom Krieg und der Funktion der militärischen Macht

Die Clausewitzsche Lehre vom Primat der Politik und die damit begründete Unterordnung des militärischen Faktors unter die politische Ziel- und Zwecksetzung ist in Ost wie West unbestritten.

Doch wäre es vorschnell, hieraus eine gemeinsame Grundlage für das politische Denken und Handeln abzuleiten.

Denn wesentlich konsequenter als dies mit den vordergründigen Hinweisen auf den Primat der Politik auf seiten des Westens geschieht, beruft sich die Sowjetunion in ihrer politischen und militärischen Doktrin bei der Qualifizierung der militärischen Macht bis heute ausdrücklich auf den preußisch-bürgerlichen General und Philosophien von Clausewitz.

Von dem deutschen Militärexperten Friedrich Engels für den Marxismus entdeckt, erhielt Clausewitz seinen Platz und seine Legitimation im marxistisch-leninistischen Lehrgebäude durch Lenin selbst: „Der Krieg ist die bloße Fortsetzung der

Politik mit anderen, nämlich gewaltsamen Mitteln. Dieser berühmte Ausspruch stammt von Clausewitz, einem der geistvollsten Militärschriftsteller. Die Marxisten haben diesen Satz stets als theoretische Grundlage ihrer Auffassung von der Bedeutung eines jeden Krieges betrachtet."[11]

Ebenso wie in anderen Veröffentlichungen zur sowjetischen Militärdoktrin wird dieser Grundsatz in dem 1963 erstmals erschienen Standardwerk „Militär-Strategie" unter Bezug auf Lenin ausdrücklich betont: „Bei der Bestimmung des Wesens des Krieges geht der Marxismus-Leninismus davon aus, daß der Krieg nicht Selbstzweck, sondern ein Mittel der Politik ist."[12]

Abgeleitet von der Anwendung militärischer Macht in Gestalt des Krieges, gilt diese Prämisse heute für die Existenz und die Funktion militärischer Macht schlechthin.

Die Tatsache, daß sich auch der Marxismus-Leninismus bei der Beurteilung des Krieges und der Einordnung des militärischen Faktors in die Politik bis heute ausdrücklich auf die Clausewitzsche Lehre beruft, darf jedoch nicht darüber hinwegtäuschen, daß in der Grundfrage von Politik und dem Gebrauch militärischer Macht zwischen West und Ost unüberbrückbare Unterschiede bestehen.

Entscheidend für die sowjetische Auffassung von Krieg und Frieden ist die Tatsache, daß Lenin die Clausewitzsche These seinem spezifischen Verständnis von Politik als bewußte und entschlossene Führung des Klassenkampfes unterordnete und sie damit auf revolutionärdialektische Weise in ihr Gegenteil verkehrte.

Das Ergebnis war und ist die bis heute uneingeschränkte gültige Definition des Krieges als „Fortsetzung des Klassenkampfes und der Politik der Revolution mit gewaltsamen Mitteln". Krieg und Frieden sind Erscheinungsformen ein und derselben Sache: Des nach historischer Gesetzmäßigkeit sich vollziehenden Klassenkampfes.

Der Militär-Theoretiker und Mitbegründer der sowjetischen Militärwissenschaft Saposnikow hat diesen Grundsatz in der ebenso einfachen wie schlüssigen Formel zum Ausdruck gebracht: „Wenn der Krieg die Fortsetzung der Politik mit anderen Mitteln ist, dann ist der Friede die Fortsetzung des Krieges nur mit anderen Mitteln."[13]

Unter Berücksichtigung der Prämisse vom „Klassencharakter der Politik" folgt hieraus, daß der Klassencharakter auch das entscheidende Kriterium für die Beurteilung eines jeden Krieges sein muß:
„Der Marxismus-Leninismus steht auf dem Standpunkt, daß die Hauptfrage bei der Analyse und Beurteilung eines Krieges die Frage sein muß, welchen Klassencharakter dieser Krieg besitzt und von welchen Klassen er zu welchen Zwecken geführt wird."[14]
Aus diesen Wertungskriterien wiederum resultiert die „Lehre vom gerechten und ungerechten Krieg", die schlichtweg besagt, daß das „sozialistische Lager" seiner Natur nach nur gerechte Kriege führen kann, die dem Fortschritt und den Frieden dienen, wohingegen jeder von den „imperialistischen" Kräften geführte Krieg nur ein „ungerechter" und damit auch unzulässiger Krieg sein kann.

Nur nebenbei sei erwähnt, daß mit dieser Lehre auch die Frage der Kriegsschuld für alle, wie immer geartete Fälle von vornherein ebenso eindeutig wie schlüssig beantwortet wird: „Schuld an den Kriegen sind immer nur die reaktionären Klassen, denn sie sind bestrebt, mit den Mitteln der militärischen Gewalt ihre überlebte Ordnung zu erhalten."[15]

Eine Unterscheidung zwischen Angriffs- und Verteidigungskrieg wird dabei lediglich insofern getroffen, als bei einem „gerechten Krieg" stets der geschichtsnotwendige Fortschritt zum Sozialismus und die Rechte der Arbeiterklasse „verteidigt" werden, bei einem „ungerechten" Krieg dagegen das sozialistische Lager in Durchsetzung seiner fortschrittlich-revolutionären Politik von den reaktionären Kräften „angegriffen" wird.

Es bedarf keiner näheren Erläuterung, daß sich diese sowjetische Auffassung grundlegend von der im Westen als verbindlich anerkannten und den Normen des internationalen Völkerrechts entsprechenden Wertung des Krieges unterscheidet.

Die Clausewitzsche These wird im Westen mehrheitlich dahingehend eingeschränkt, daß ein mit Nuklearwaffen geführter Krieg nicht mehr als „Fortsetzung der Politik" anerkannt und als „Negation" des Primats der Politik abgelehnt wird, wie dies Verteidigungsminister Apel bei einem Clausewitz-Forum zum Ausdruck gebracht hat.

Von großer Bedeutung für die Überprüfung der eingangs geschilderten „Theorie von der Symmetrie der Sicherheit" ist daher die Tatsache, daß die Sowjetunion an ihrer Auffassung vom Krieg als legitimes Mittel der Politik auch unter Berücksichtigung der nuklearen Massenvernichtungsmittel ausdrücklich festhält. Der Verteidigungsminister der DDR, Armeegeneral Hoffmann, erklärte hierzu 1975: „Wir teilen die Auffassung also nicht, im Atomzeitalter sei ein gerechter Krieg nicht möglich, der Raketenkernwaffenkrieg auch keine Fortsetzung der Politik der kämpfenden Klassen mehr."[16]

Dies ist umso wichtiger als die Sowjetunion offensichtlich davon ausgeht, daß bei einem Krieg zwischen NATO und Warschauer Pakt mit dem Einsatz der nuklearen Potentiale zu rechnen ist: „Ein gerechter Krieg, ein Krieg gegen die Imperialisten, wird unter den derzeit gegebenen Umständen sofort ein globaler internationaler Krieg sein müssen. Und dieser Krieg wird auch immer ein nuklearer Krieg sein."[17]

Aber auch die Vorstellungen von der Funktion der militärischen Macht im Frieden sind keineswegs deckungsgleich. Im Gegenteil: Während sich der Westen darauf beschränkt, militärische Macht im Frieden ausschließlich zur Abschreckung und damit zur Verhinderung eines Krieges zu gebrauchen, geht Moskau von der *generellen* Bedeutung militärischer Macht als Mittel der Politik auch im Frieden aus. Dies ergibt sich wiederum aus der „inneren Logik" der ideologischen Ansätze, nach denen in Umkehrung des Clausewitzschen Lehrsatzes der Frieden letzlich nur eine Fortsetzung des Krieges (Klassenkampfes) mit anderen Mitteln ist.

Oldrich Mahler (CSSR) hat die Bedeutung der militärischen Macht bereits 1966 in seinem im Prager Militärverlag erschienen Buch „Das Verhältnis der Kräfte und die Strategie des Westens" auf die ebenso einfache wie schwer zu widerlegende Formel gebracht: Das Verhältnis der Kräfte bildet die objektive Grundlage jeglicher Politik.

Die Sowjetunion sieht in der militärischen Stärke das wichtigste Machtmittel. Sie gebraucht militärische Macht zum Zwecke politischer Macht schlechthin. Dem liegt die Überzeugung zugrunde, daß die politischen Machtkonstellationen auf dieser Welt in erster Linie von den militärischen Machtverhältnissen bestimmt werden und sich keine Politik den dabei geschaffenen „Realitäten" auf Dauer entziehen kann.

Die Ausgestaltung der militärischen Macht der Sowjetunion kann daher bei der Beurteilung ihrer politischen Ziele und Absichten nicht ausgeklammert werden.
Gerade weil der Primat der Politik in der Sowjetunion absolut ist, spiegeln sich in der Rüstung ihre politischen Ziele deutlicher wieder als in irgendwelchen Kommuniqués oder UNO-Reden.

Die Grundzüge sowjetischer Politik

Es ist eine alte Streitfrage, ob die sowjetische Politik auch heute noch vorwiegend von der Ideologie des Marxismus-Leninismus bestimmt wird oder vielmehr den Gesetzen pragmatischer Machtpolitik folgt.

Dabei ist die Neigung festzustellen, für die letztgenannte Möglichkeit zu plädieren, die kommunistische Ideologie als „Treibriemen" der sowjetischen Politik auszuklammern, diese „nur noch" als pragmatische Machtpolitik zu verstehen und hierin einen hoffnungsträchtigen Ansatzpunkt für eine kompromißbereite Politik der Kooperation und der Vernunft zu sehen. Diese Interpretation ist auf das offensichtliche Unvermögen zurückzuführen, das Wesen der marxistisch-leninistischen Ideologie zu erfassen. Darüberhinaus zeigt sich hierin ein an der Schwäche des Westens orientiertes und daher in gefährlicher Weise angekränkeltes Verhältnis zu dem, was nach der geschichtlichen Erfahrung unter „Machtpolitik" zu verstehen ist.

Es ist eine gefährliche Illusion anzunehmen, die sowjetische Politik wäre als reine „Machtpolitik" weniger gefährlich denn als ideologisch motivierte Politik. Die kommunistische Ideologie zwingt zwar zu einer offensiven Politik im Weltmaßstab und vermag dabei im beträchtlichem Maß Kräfte zu mobilisieren, andererseits verleitet diese Ideologie in Folge ihres Charakters als „logische Verknüpfung von Irrtümern" auch zu politischen Fehlhandlungen und steht damit nicht selten dem von ihr verkündeten Endsieg im Wege.

Dessen ungeachtet kann festgestellt werden, daß die sowjetische Politik auf zwei Wurzeln zurückzuführen ist:
Sie wird zum einen bestimmt durch die kommunistische Ideologie, nach der Politik ausschließlich als entschlossene Füh-

rung des internationalen Klassenkampfes zwischen Sozialismus und Kapitalismus zu betrachten ist, der nach dem „objektiven Erkenntnissen" des historischen und dialektischen Materialismus nicht durch „Kompromisse" im Sinne westlicher politischer Vernunft, sondern nur durch einen Sieg des Sozialismus unter der Führung der Sowjetunion beendet werden kann.

Zum zweiten setzt die sowjetische Politik aber auch das Erbe der großrussischen, zaristischen Machtpolitik fort, die im 12. Jahrhundert im Moskowiter Herzogtum ihren Ausgang nahm und deren wesentliches Merkmal die Tatsache ist, daß sie die eigene „Sicherheit" nur in der Fortsetzung der Expansion und in der Schwäche der Nachbarn gewährleistet sah.

Diese traditionelle russische Machtpolitik hat durch die Ideologie des Marxismus-Leninismus eine wissenschaftlich-theoretische Untermauerung sowie ethisch-moralische Legitimation und damit ein Instrument erhalten, mit dem der Machtkampf durch „Eroberung der Hirne und der Herzen" weltweit ausgedehnt und in das Innere des gegnerischen Lagers getragen werden kann.

Insgesamt ergeben sich hieraus fundamentale und unüberbrückbare Unterschiede zu den Grundzügen wesentlicher Politik. Zunächst sei daruf hingewiesen, daß sowohl aus der ideologischen Basis als auch aus den historischen Wurzeln ein absoluter Primat der Politik gegenüber allen individuellen und gruppenspezifischen Interessen und Belangen resultiert. Die sowjet-kommunistische Politik ist „total" im wörtlichsten Sinn des Wortes. Es gibt keinen Lebensbereich, der nicht in das politische Koordinatensystem eingeordnet, der Politik unterworfen und für sie nutzbar gemacht wird.

Dies ist umso bedeutender, als sich aus beiden Wurzeln das Hauptmerkmal der sowjetischen Politik, ihr eindeutig *offensiver* und *dynamischer* Charakter und im ursächlichen Zusammenhang damit eine unumstrittene Priorität der Außenpolitik, ergibt.

Der wesentliche Inhalt der Politik ist nach sowjetischer Auffassung die Gestaltung und Veränderung der internationalen Beziehungen und Machtverhältnisse mit dem ständigen Ziel, den Einfluß der Sowjetunion weltweit auszudehnen, ihre Stellung im dynamischen Prozeß der Veränderung machtpolitisch abzusichern, zu festigen und ihren Herrschaftsbereich Schritt für Schritt zu erweitern.

Der Gedanke „stabiler Machtbeziehungen", eines allgemeinen „Status quo" oder eines dauerhaften „Gleichgewichts der Kräfte" widerspricht sowohl den elementaren Grundlagen des dialektischen und historischen Materialismus als auch der Tradition russisch-sowjetischer Politik und ist dem sowjetischen Denken daher fremd.

Die „Innenpolitik" dient demgegenüber lediglich dem Zweck, das Herrschaftsystem zu stabilisieren und zu sichern und die für die Machtentfaltung nach außen benötigten Kräfte zu mobilisieren.

Ein weiteres wichtiges Merkmal der sowjetischen Politik ist die zeitliche Dimension, die ihrem Denken, Planen und Handeln zu Grunde liegt.

Die sowjetische Politik ist langfristig konzipiert. Sie unterwirft sich keinem Zeitdruck und kann es sich leisten, bei aller Zielstrebigkeit geduldig zu sein. Sie kann abwarten und sich die Zeit für taktische Schachzüge und Täuschungsmanöver nehmen, die zeitlich meist länger angelegt sind als die Dauer von „Regierungsperioden" in den westlichen Demokratien.

Die Auffassung vom totalen Charakter der Politik und die Priorität einer offensiv-dynamischen und langfristig angelegten Außenpolitik befähigen die Sowjetunion zu einer im starken Maß von Kontinuität geprägten politischen Strategie, die durch den umfassenden und koordinierten Einsatz aller Machtmittel ihres Herrschaftsbereiches gekennzeichnet ist.

Damit unterscheidet sich die sowjetische Politik grundlegend von der Politik des Westens, die durch eine deutliche Priorität zahlreicher innen- und gesellschaftspolitischer Belange gekennzeichnet ist, deren Außen- und Sicherheitspolitik von einer strikt defensiven und vorwiegend statischen Grundhaltung sowie von einem meist unkoordinierten Einsatz der auf ein Minimum reduzierten Machtmittel bestimmt wird und die sich insgesamt mehr durch kurzfristiges, an der tages- und parteipolitischen Opportunität orientiertes Taktieren als von der Fähigkeit zu längerfristigen Konzeptionen auszeichnet.

Die geopolitischen und geostrategischen Bedingungen

Die historisch und ideologisch fundierten Grundzüge der sowjetischen Politik finden in den geopolitischen und geostrategischen Bedingungen der globalen Mächtekonstellation, nicht nur eine überzeugende Bestätigung, sondern erweisen sich vor diesem Kriterium zumindest aus der Sicht der Sowjetunion sogar als absolut unverzichtbar.

In Folge einer verhängnisvollen Fehleinschätzung der Politik Stalins durch die Westalliierten sowie durch deren Unvermögen, die mit der Ausschaltung des Deutschen Reiches als europäische Mittelmacht heraufbeschworenen ordnungspolitischen Probleme in Europa zu erkennen, war es der Sowjetunion gelungen, ihren Herrschaftsbereich nach Westen um rund 1 000 km über Berlin bis vor die Tore Hamburgs, an die Werra und in den Böhmerwald vorzuschieben, gleichzeitig in Südwesten das alte Österreich-Ungarn, die vormalige Ordnungsmacht in Donauraum, zu beerben, den Balkan bis an die Adria und die griechisch-türkische Grenze in ihren Herrschaftsbereich einzubeziehen und so die unausweichlich notwendig gewordene Neugestaltung der europäischen Landkarte weitgehend zu ihrem Gunsten zu vollstrecken.

Auf diese Weise zur Weltmacht geworden, sah sich die Sowjetunion jedoch als Kontinentalmacht mit völlig unzureichenden Möglichkeiten globaler Einflußnahme in einer schwierigen Lage, besonders nachdem „Resteuropa" mit den bisherigen Weltmächten Großbritannien und Frankreich sein weiteres Schicksal mit dem der Vereinigten Staaten verbunden hatte — mit derjenigen Weltmacht also, die ihre Fähigkeit zur Mobilisierung schier unbegrenzter Reserven sowie zur globalen Kriegführung an mehreren Fronten eben erst unter Beweis gestellt hatte und der ein nicht unwesentlicher Anteil an der Rettung der Sowjetunion vor eben jenen Deutschen zukam, die sich nun anschickten, mit nahezu 60 Millionen Menschen die militärische Macht der NATO in Mitteleuropa entscheidend zu stärken.

Dieses Grundmuster der Ost-West-Konfrontation bestimmt die sowjetische Politik und Strategie bis heute, wobei sich durch den Bruch mit China die Gesamtlage für die Sowjetunion we-

sentlich verschlechtert hat und immer mehr von der hierdurch entstandenen „Zweifrontenstellung" geprägt wird.
Es ist bezeichnend für das politische und strategische Denken in der Bundesrepublik, wie kritiklos die Annahme vom „Gleichgewichtsdenken" der Sowjetunion aufgenommen wurde, ohne auch nur einmal die Frage aufzuwerfen, ob die Sowjetunion aus ihrer Sicht die derzeitige Konstellation überhaupt als Gleichgewicht akzeptieren kann, oder ob sie bei einer Beurteilung der geopolitischen und geostrategischen Lage nicht zu ganz anderen Erkenntnissen kommen muß.
Für die Beurteilung im globalen Maßstab ist zunächst die Tatsache bestimmend, daß sich in der NATO die westeuropäischen Staaten mit ihrer wirtschaftlich-technischen Leistungsfähigkeit und einem Bevölkerungspotential von 261 Millionen mit den Vereinigten Staaten, die mit einem Bevölkerungspotential von 219 Millionen Menschen nicht nur über die größte wirtschaftlich-industrielle Macht und die imponierensten technischen Fähigkeiten, sondern darüberhinaus über beträchtliche und kaum abzuschätzende Kraftreserven verfügen, zu einem weit überlegenen Gesamtpotential verbunden haben.

Mit 370 Millionen Einwohnern ist das Bevölkerungspotential des Warschauer Paktes dem der NATO mit 567 deutlich unterlegen.

Stärker als im allgemeinen Bewußtsein gegenwärtig, ist die NATO ein maritim geprägtes Bündnis. Sie ist, wie schon der Name sagt, ein ozeanübergreifender und damit inter-kontinentaler Pakt. Die Vereinigten Staaten sind eine atlantische *und* pazifische Macht. Die zweitgenannte Komponente bestimmt das amerikanische Denken und Handeln mehr als dies den Europäern bewußt ist. Unter den europäischen Partnern findet sich die „klassische" Seemacht Großbritannien. Aber auch alle anderen Länder sind — mit Ausnahme Luxemburgs — maritime Anrainer mit meist erheblichen Küstenlängen vom Nordmeer bis zum Mittelmeer. Selbst die Bundesrepublik liegt (zusammen mit Dänemark) an einer maritimen Schlüsselzone.

Für das westliche Bündnis sind daher von den geopolitischen Voraussetzungen her gesehen die denkbar günstigsten Bedingungen für eine dominierende Stellung auf den Weltmeeren und für die Möglichkeit globaler politischer Machtentfaltung gegeben.

Der Warschauer Pakt dagegen ist mit der eurasischen Kontinentalmacht Sowjetunion als dominierende Führungsmacht ein kontinental geprägtes Bündnis, das zwar im Norden durch die Eisregion der Polarkappe geschützt ist, im Süden dagegen mit einer Landgrenze von ca. 12 000 km Länge an so wichtige Regionen wie der des mittleren Ostens, des indischen Subkontinents und Chinas grenzt.

Die wesentlichen geopolitischen Merkmale dieses Blocks sind die völlig unzureichenden Zugänge zu diesen Weltmeeren und die im historischen Maßstab möglicherweise entscheidende Tatsache, daß dieses Bündnis große Teile zweier Kontinente, aber eben keinen Kontinent ganz umfaßt.

Seit dem Bruch mit der Bevölkerungsgroßmacht China und angesichts deren eindeutig antisowjetischer und zunehmend prowestlicher Politik sieht sich die Sowjetunion in einer gefährlichen Zweifrontenstellung, die mit der Lage Deutschlands vor und in den beiden Weltkriegen vergleichbar ist.

Hinzu kommt, daß auch die Wirtschaftsmacht Japan sowie Australien dem westlichen Lager zuzurechnen sind.

Die geopolitische und geostratigische Lage des Westens ist daher *global* gesehen ungleich günstiger als die der Sowjetunion und des Warschauer Paktes. Dies betrifft sowohl die Möglichkeiten der Machtentfaltung im Frieden als auch die Bedingungen für eine kriegerische Auseinandersetzung der beiden Blöcke. Die Sowjetunion wird diese globale Konstellation daher schwerlich als Gleichgewicht definieren können.

Von besonderer, wenn nicht sogar entscheidender Bedeutung ist die geostrategische Funktion, die *Westeuropa* in der globalen Konstellation zufällt.

Für die Sowjetunion ist Westeuropa in seiner Funktion als strategischer Brückenkopf der USA das entscheidende Hindernis auf dem Weg zum Atlantik und der „eurokontinentalen Arrondierung" ihres Machtbereiches.

Für die Vereinigten Staaten dient dieser globalstrategische Brückenkopf der Sicherung der „Gegenküste" am eurasischen Kontinent. Für China ist Westeuropa, insbesondere durch seine Verbindung mit den Vereinigten Staaten, ein Gegengewicht, das die Sowjetunion in starkem Maß bindet.

Der französische Militärexperte F. O. Miksche ist daher zu Recht der Auffassung, daß auch im Spiel der Kräfte einer multipolaren Welt, Westeuropa die geopolitische Mitte zwischen Amerika, Asien und Afrika darstellt und von seinem Besitz bis auf weiteres die Vorherrschaft in der Welt abhängt.

Der herausragenden geostrategischen Bedeutung Westeuropas stehen allerdings seine vollständige „logistische" Abhängigkeit von den überseeischen Energie- und Rohstoffquellen, sowie die atlantische Trennung über See von den strategischen Reserven der USA und nicht zuletzt die für den Westen außerordentlich ungünstigen militärstrategischen Bedingungen in Europa selbst gegenüber.

Letztere betreffen vor allem das sehr ungünstige Verhältnis von Breite und Tiefe des Raumes sowie den hohen Grad der Verwundbarkeit durch Konzentration des Bevölkerungs- und Industriepotentials auf engem Raum im erweiterten Frontbereich.

Da für die Sowjetunion keine Möglichkeit erkennbar ist, in der globalen Konstellation ein wie immer geartetes „Bündnissystem" mit einem oder mehreren Großräumen von der Bedeutung Westeuropas zu errichten, bleibt nur der Weg, die logistische Abhängigkeit sowie die ungünstigen militärstrategischen Bedingungen für den Westen zu nutzen, um durch Neutralisierung oder Wegnahme des Brückenkopfes Westeuropa den eurasischen Herrschaftsbereich bis zum Atlantik zu arrondieren und hierdurch die globale Lage in historischen Maßstab zu verändern.

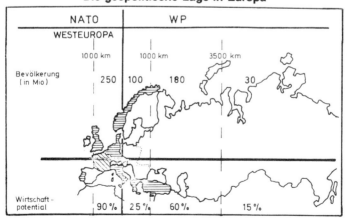

Die geopolitische Lage in Europa

Nach Lage der Dinge sieht die Sowjetunion die Möglichkeit, dies in erster Linie mit militärischen Mitteln zu erreichen. Militärstrategie und Streitkräftepotentiale von Ost und West treten damit in ihrer Funktion als Instrument der Politik in eine dominierende Rolle.

Die heutige Lage ist auf der Grundlage einer „Momentaufnahme" nicht zu verstehen. Auch der Bereich von Strategie und Streitkräften, verstanden primär als Teilbereich und Ausdruck des politischen Geschehens, ist nur aus der zeitgeschichtlichen Entwicklung heraus zu erfassen. Allein diese bietet den Maßstab für die Beurteilung der heutigen Situation und der möglichen weiteren Entwicklung.

Nukleare Macht als Ersatz für Divisionen?

Trotz eines überlegenen Bevölkerungs- und Wirtschaftspotentials war die Bereitstellung ausreichender militärischer Kräfte stets das entscheidende Problem der NATO. Obwohl die strategischen Prizipien sehr stark unter Berücksichtigung der bereitzustellenden Kräfte definiert wurden, tat sich die NATO sehr schwer, Strategie und Streitkräfte in Übereinstimmung zu bringen. Dies betrifft vor allem das Verhältnis zwischen konventionellen und nuklearen Kräften.

Bereits bei der Gründung im Jahre 1949 sah sich die NATO nach einer einseitigen und überstürzten Abrüstung der Westmächte in den Jahren nach Kriegsende durch das militärische Kräfteverhältnis vor erhebliche Probleme gestellt:

	NATO	SU
Personal	880 000	5 Mio
Divisionen	14	200
Panzer	500	40 000
Flugzeuge	1 000	20 000

Die ersten NATO-Planungen für die Verteidigung Mitteleuropas sahen daher vor, den Kampf bereits im deutschen Vorfeld aufzunehmen, die eigentliche Verteidigung jedoch erst hinter dem Rhein zu führen. Bei einer zu erwartenden Feindstärke von etwa 120 Divisionen wurde hierzu ein Bedarf von 18 Divisionen für die Verzögerung ostwärts des Rheins und von 36 Divisionen für die anschließende Verteidigung am Rhein errechnet. In Aussicht standen zunächst jedoch nur 26 Divisionen! Angesichts dieser Lage wurden die amerikanischen Vertreter bereits bei den Vorverhandlungen zur Gründung der NATO von europäischer Seite mit der Frage des Einsatzes amerikanischer Atomwaffen konfrontiert. Die diesbezügliche amerikanische Zusage war die wohl wichtigste politische und militärische „Geschäftsgrundlage" des Paktschlusses.

Damit war die nukleare militärische Macht der Vereinigten Staaten in die Sicherheitspolitik und die militärische Verteidigung des Westens einbezogen.

Das Kriegsbild und die operativ-strategischen Vorstellungen der Westmächte waren zu diesem Zeitpunkt stark von den Erfahrungen des II. Weltkrieges geprägt. Das Schwergewicht wurde bei den konventionellen Streitkräften gesehen, zumal Atomwaffen zunächst nur in geringer Stückzahl zur Verfügung standen. Fehlende Kräfte bei den Landstreitkräften wurden durch den Glauben an die Wirksamkeit der Luftwaffe ersetzt.

Die Eskalation der Lage durch den Ausbruch des Koreakrieges rückte die Fragen der militärischen Sicherheit und Verteidigung in den Mittelpunkt der politischen Überlegungen.

Die schlagartig verdeutlichte Kriegsgefahr und die Tatsache, daß das amerikanische Atomwaffenmonopol auch diese kommunistische Aggression nicht hatte verhindern können, veranlaßte die NATO-Partner zu dem Versuch, nunmehr die für eine erfolgreiche Verteidigung Europas erforderlichen *konventionellen* Kräfte umgehend bereitzustellen:

Hierzu wurde die Bewaffnung der Bundesrepublik und ihre Aufnahme in die NATO beschlossen, die USA verstärkten ihre Streitkräfte von 1,4 auf 3,4 Millionen, die Zahl der Divisionen von 10 auf 18 und die der Flugzeuge von 9 000 auf 15 000 und auch die anderen Länder erklärten ihre Bereitschaft zur Verstärkung der Kräfte.

Die NATO berechnet den Streitkräftebedarf für die Verteidigung Mitteleuropas neu. Als Ergebnis wurde im Februar 1952 der *Streitkräfteplan* von Lissabon verabschiedet.

In diesem Streitkräfteplan verpflichteten sich die westeuropäischen Länder, umgehend 49 aktive Divisionen und 50 Reservedivisionen aufzustellen.

Der Umfang der deutschen Streitkräfte als Teil einer integrierten westeuropäischen Armee war dabei bereits auf 12 Divisionen festgelegt. Nach Aufnahme Griechenlands und der Türkei sollte bis 1954 ein Gesamtumfang von 90 aktiven Divisionen und 6 000 Kampfflugzeugen erreicht werden. Die Beschlüsse von Lissabon waren der Versuch — und hierin liegt die Bedeutung dieses Plans aus heutiger Sicht —, die eigene militärische Stärke dem Ausmaß der Bedrohung anzupassen und so die Voraussetzungen für eine erfolgreiche Verteidigung zu schaffen.

In der Strategieentwicklung der NATO stellt dieser Schritt gewissermaßen eine „Vorphase" dar:

Die amerikanischen Atomwaffen waren zwar in die Gesamtverteidigung des Bündnisses ausdrücklich einbezogen. Ihr Einsatz war im Sinne einer strategischen Luftkriegsführung vorzugsweise gegen Industrie- und Bevölkerungszentren sowie gegen Verkehrsknotenpunkte vorgesehen. Der direkte Erfolg auf dem Schlachtfeld sollte durch ein ausgewogenes konventionelles Kräfteverhältnis sichergestellt werden.

Mit dem NATO-Dokument MC 14/1 wurde im Dezember 1952 die strategische Konzeption des Bündnisses verabschiedet.

Sie sah folgende Phasen der Kriegführung vor:

1. Verzögerung durch konventionelle Kräfte ostwärts des Rheins,
2. Nukleare Gegenoffensive durch strategische Luftstreitkräfte,
3. Auffangen des Angriffs durch Verteidigung am Rhein,
4. Gegenoffensive zur Wiederherstellung der Integrität des Bündnisses.

Mit dieser Strategie wurde der Erfolg der Verteidigung durch die Verbindung einer konventionellen Kriegführung auf dem Schlachtfeld mit einer vorwiegend nuklearen Luftkriegführung gegen das feindliche Hinterland gesucht. Sie stützt sich zwar nach wie vor auf die Pläne von Lissabon, doch ist eine stärkere Betonung der nuklearen Komponente bereits erkennbar.

Der Streitkräfteplan von Lissabon wurde jedoch nicht einmal nur annähernd verwirklicht.

Die westeuropäischen Länder vermochten bis Ende 1953 lediglich 19 Divisionen aufzustellen. Dieses Potential wurde —

was zunächst gar nicht vorgesehen gewesen war — durch 5 nach Europa verlegte US-Divisionen verstärkt, sodaß sich die Gesamtstärke der NATO auf 24 Divisionen und 2 600 Kampfflugzeugen belief.

Es gibt mehrere Gründe für das Scheitern der Pläne von Lissabon. Entscheidend waren zunächst organisatorische Schwierigkeiten, dann jedoch vor allem die sich abzeichnenden finanziellen und wirtschaftlichen Belastungen. Hinzu kam, daß Streitkräfte im vorgesehenen Umfang aus zwei Gründen bald nicht mehr als notwendig erachtet wurden:

Nach dem Tod Stalins und der Beendigung des Koreakrieges im Jahr 1953 setzte mit dem „Tauwetter" der Ära Malenkow eine allgemeine Hoffnung auf Entspannung ein. Die Kriegsgefahr galt als beseitigt, der „Großalarm" wurde abgeblasen.

Zum zweiten wurde in den Vereinigten Staaten mit Beginn der Präsidentschaft Eisenhowers die strategische Konzeption neu bestimmt und dies erlaubte, den Bedarf an konventionellen Kräften wesentlich niedriger anzusetzen.

Die Tatsache, daß das amerikanische Atomwaffenmonopol weder den Ausbruch des Koreakrieges verhindern, noch dessen Verlauf in irgeneiner Weise beeinflussen konnte, sowie die starken finanziellen Belastungen der konventionellen Aufrüstung während des Krieges hatten in den Vereinigten Staaten eine intensive Strategiediskussion ausgelöst.

Es wurde mit allem Nachdruck die Frage nach Sinn und Zweck der Atomwaffen gestellt und die Forderung erhoben, die nukleare Macht politisch und militärisch besser zu nutzen, um so zu einer Reduzierung der Verteidigungslasten zu gelangen.

Unmittelbar nach Amtsantritt des neuen Präsidenten Eisenhower wurde daher im Jahre 1953 der „New Look" als neues militärpolitisches Programm verkündet.

Dieses Programm bedeutete eine radikale Änderung der strategischen Konzeption der Vereinigten Staaten.

Es sah vor, auf umfangreiche konventionelle Kräfte überhaupt zu verzichten und die Sicherheit der Vereinigten Staaten fast ausschließlich auf die nukleare Macht zu gründen:
Die Strategie der „massiven Vergeltung" war geboren.

Die Prinzipien dieser Strategie waren einfach:

— Schwache konventionelle Kräfte hatten lediglich die Funk-

tion eines „Stolperdrahtes" zur Auslösung des nuklearen Gegenschlages.
— Der nukleare Gegenschlag erfolgt als sofortige und „massive Vergeltung" mit dem Gesamtpotential der nuklearen Waffen.

Für die *Streitkräfteentwicklung* ergaben sich aus dieser neuen Konzeption einschneidende Konsequenzen: Die amerikanischen Nuklearstreitkräfte mußten erheblich ausgebaut werden. Es galt, durch Aufbau einer strategischen Bomberflotte, ein strategisch-nukleares Monopol sicherzustellen.

Zur Vernichtung der gegnerischen Streitkräfte auf dem Gefechtsfeld waren Land- und Luftstreitkräfte mit „taktischen Atomwaffen" auszurüsten.

Die *konventionellen Streitkräfte* und damit der personelle Gesamtumfang dagegen konnten erheblich verringert werden. Der „Radford-Dokrin" folgend, wurden die Landstreitkräfte der „Weltmacht" USA bis 1960 von 18 auf 11 Divisionen reduziert.

Ihre außenpolitische Ergänzung fand die Stratgie der „massiven Vergeltung" durch die amerikanische Bündispolitik der Ära Eisenhower-Dulles, mit der geostrategisch der Schritt von der regional begrenzten Eindämmungspolitik in Europa zu einer globalen defensiven Politik der Eindämmung und damit zu dem für die 50er und 60er Jahre bestimmenden weltweiten Engagement der Vereinigten Staaten vollzogen wurde.

Die *strategische Lage* zur Zeit der „massiven Vergeltung" läßt sich wie folgt charakterisieren:
— Die USA waren in der Lage, mit einer weltweit aufgelockerten Bomberflotte massive Nuklearschläge gegen die Sowjetunion zu führen.
— Die Sowjetunion war außerstande, mit den ihr verfügbaren Waffen die amerikanischen Bomberstützpunkte zu gefährden.
— Die konventionelle Überlegenheit des WP in Europa konnte durch eine große Zahl taktischer Atomwaffen ausgeglichen werden.
— Das Territorium der USA war absolut ungefährdet.

Im Ergebnis:
Eine strategisch-nukleare Monopolstellung der USA.

Strategische Lage zur Zeit der „massiven Vergeltung"

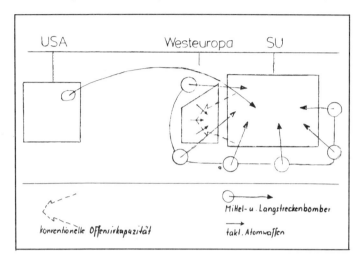

Es verdient Beachtung, daß für die Verteidigung Mitteleuropa, selbst unter den Bedingungen der Strategie der massiven Vergeltung immerhin 30 atomar bewaffnete Divisionen für notwendig erachtet wurden.

Daß diese Zahl auch mit Aufbau der Bundeswehr nicht erreicht werden konnte, sollte die NATO wenig später vor erhebliche Probleme stellen.

Durch das NATO-Bündnis wurde die Strategie der massiven Vergeltung mit der Verabschiedung des NATO-Dokuments MC 14/2 im März 1957 endgültig angenommen.

Unmittelbar darauf (im April 1957) wurde das Ersuchen europäischer Bündnispartner, ihren Streitkräften taktische Atomwaffen zur Verfügung zu stellen, positiv beantwortet und die Lieferung derselben noch für das laufende Jahr zugesagt.

Bis zu diesem Zeitpunkt hatten sich allerdings in der Strategie- und Streitkräfteentwicklung der Sowjetunion tiefgreifende Veränderungen vollzogen.

Am 26. Mai 1957 gab die Sowjetunion den erfolgreichen Abschuß einer ballistischen Langstreckenrakete bekannt. Im Oktober des gleichen Jahres bewies sie mit dem gelungenen

Start des ersten Erdsatelliten allen Zweiflern, daß sie tatsächlich im Besitz von Raketen war, deren Schubkraft einen interkontinentalen Einsatz ermöglichten. Damit zeichnete sich eine einschneidende Veränderung der strategischen Ost-West-Lage ab, die nicht ohne Einfluß auf die Entwicklung von Strategie und Streitkräfteplanung bleiben konnte.

Entgegen einer bis heute weit verbreiteten Annahme spielte das Schlagwort vom „roll back" für die Militärstrategie der USA in dieser Phase indessen keine Rolle.

Vielmehr trifft für die amerikanische Außen- und Militärpolitik die Charakterisierung zu, sie habe zwar die „Hände auf der Hupe", jedoch gleichzeitig „die Füße auf die Bremse" gehabt.

Von Stalins Dogmen zu Chruschtschows Raketenstrategie

In der Sowjetunion war das militärwissenschaftliche und strategische Denken unter Stalin in einigen wenigen Dogmen erstarrt.

Stalin hielt uneingeschränkt an der Lehre Lenins von der Unvermeidbarkeit des Krieges gegen den Kapitalismus fest und stellte die absolute Zuverlässigkeit der Streitkräfte durch rigurose Überwachung sowie durch mehrfache Säuberungsaktionen sicher.

Ansonsten erschöpfte sich die „Lehre" Stalins in den mit einem Tagesbefehl im Jahre 1942 verkündeten „ständig wirkenden und immer gültigen Faktoren" des Krieges. Von Bedeutung ist dabei zum einen der hohe Stellenwert, der dem Faktor der moralischen Festigkeit zuerkannt wurde und zum andern die vollständige Verneinung des Überraschungsfaktors. Insgesamt gesehen waren das Kriegsbild und die strategisch-operativen Vorstellungen Stalins bis zu dessen Tod eindeutig *kontinental* und *konventionell* geprägt. Dies schlug sich in einer absoluten Dominanz der Landstreitkräfte nieder.

Die Aufgabe der Marine war auf den engen Küstenschutz, die der Luftwaffe auf die Unterstützung des Heeres beschränkt.

Den Atomwaffen sprach Stalin jede krlegsentscheidende Wirkung ab. In einer ersten Reaktion meinte er 1946, sie seien nur dazu da, „Menschen mit schwachen Nerven Furcht einzujagen."[18]

Auch die erste erfolgreiche sowjetische Atomdetonation im Jahre 1949 führte nicht zu einer Änderung in der Bewertung der Nuklearwaffen.

Die Streitkräfteentwicklung ist — nach einer Teildemobilisierung auf eine Stärke von 2,8 Millionen unmittelbar nach Kriegsende — mit Beginn des Ost-West-Konfliktes ab 1947 von einer erneuten und permanenten Verstärkung der Kräfte bis zu einer „Friedensstärke" von 5,7 Millionen im Jahre 1953/54 gekennzeichnet.

Das Jahr 1953 war auch in der Sowjetunion der Beginn eines neuen Abschnitts in der Entwicklung von Strategie und Streitkräften. Eingeleitet wurde diese mit dem Tode Stalins.

Drei wichtige Ereignisse kennzeichnen den Beginn der neuen Phase:
— Marschall Schukow kehrte nach 7 Jahren Verbannung wieder in Amt und Würde zurück.
— Der mächtige Geheimdienstchef Beria wird ausgeschaltet.
— Im August 1953 wird die erste sowjetische Wasserstoffbombe zur Detonation gebracht.

Unter Marschall Schukow erfolgte ab 1954 die längst fällige Anpassung der sowjetischen Militärdoktrin an die modernen Gegebenheiten:
1954 begann die Ausrüstung der Luftstreitkräfte mit Atomwaffen und ein Jahr später waren die ersten atomaren Mittelstreckenraketen einsatzbereit. Damit war die Sowjetunion Atommacht geworden und gezwungen, die Frage nach der Einordnug der Nuklearwaffen und damit nach der Rolle der Teilstreitkräfte neu zu beantworten.

Die herausragende Bedeutung der Atomwaffen und die Veränderung des Kriegsbildes durch ihre Existenz wurden nunmehr anerkannt.

Im Gegensatz zu den Vereinigten Staaten setzte sich jedoch zunächst eine Strategie durch, bei der konventionelle und nukleare Waffen in einem gleichwertigen und ausgewogenen Verhältnis zueinander standen.

Die Streitkräftestruktur wurde durch das Prinzip der „harmonischen Entwicklung der Teilstreitkräfte und Waffengattungen" bestimmt.

In bewußter Abkehr von Stalins „Massenheer" begann eine umfassende Modernisierung der Streitkräfte.

Die Divisionen der Landstreitkräfte wurden motorisiert und mechanisiert. Hierdurch war es möglich, die Kampfkraft bei gleichzeitiger Reduzierung des Personalumfangs erheblich zu steigern.

Ferner wurden die Satellitenstreitkräfte stärker als bisher in die Militärpolitik und Streitkräftekonzeptionen Moskaus einbezogen und auch deren Modernisierung vorangetrieben.

Das bisher bestehende Netz bilateraler Vorträge mit den Satellitenländern wurde — unter dem propagandistischen Vorwand der Reaktion auf den Beitritt der Bundesrepublik Deutschland zur NATO — durch die Unterzeichnung des „Warschauer-Paktes" im März 1955 ergänzt.

Die militärische Stärke des Warschauer Paktes zu diesem Zeitpunkt belief sich auf 280 Divisionen, ca. 40 000 Panzer und ca. 22 000 Flugzeuge. Von besonderer Bedeutung für die weitere Entwicklung ist folgender, neuer Aspekt der sowjetischen Militärdoktrin:

Von 1955 an wurde mit Blick auf die Atomwaffen die Forderung nach der Fähigkeit zur Führung eines „Initiativkrieges" offizieller Bestandteil der Doktrin.

Die sowjetische Strategie und Streitkräftekonzeption in der durch offene Kontroversen zwischen Chruschtschow und Malenkow in der Beurteilung eines möglichen weltweiten Atomkrieges gekennzeichneten Ära Schukow kommen am deutlichsten in dessen Ausführungen am 20. Parteitag der KPdSU im Jahr 1956 zum Ausdruck:

„Beim Aufbau der sowjetischen Streitkräfte gingen wir davon aus, daß die Methoden und Formen eines zukünftigen Krieges sich in vieler Hinsicht von allen bisherigen Kriegen unterscheiden werden. Ein zukünftiger Krieg wird, wenn er entfesselt werden sollte, durch die massenhafte Anwendung von Luftstreitkräften, von verschiedenartigen Rakentenwaffen und verschiedenen Massenvernichtungsmitteln wie Atom-, Thermonuklear-, chemischen und bakteriologischen Waffen gekennzeichnet sein. Wir gingen jedoch auch davon aus, daß die modernsten Waffen, darunter auch die Massenvernichtungswaffen, die entscheidene Bedeutung des Landheeres, der Flotte und der Luftstreitkräfte nicht mindern. Ohne starke Landstreitkräfte, ohne eine strategisch weitreichende Frontluftwaffe und eine moderne Kriegsflotte, ohne deren gut organisierten Zusammenwirken kann man einen modernen Krieg nicht führen."[17]

Mit der Forderung nach Fähigkeit zum Initiativkrieg wurden erstmals das offensive Element der sowjetischen Militärstrategie in eine enge Verbindung mit dem Element der Überraschung gebracht. Dennoch war diese Stragtegie nach wie vor stark kontinental geprägt. Die mangelnde Fähigkeit zur globalen Kriegführung mußte die Sowjetunion in diesem Zeitraum angesichts der globalen Bündnis- und Militärpolitik der USA sehr deutlich empfinden.

Im Jahr 1957 wurden mit Erfolg die ersten sowjetischen Langstreckenraketen erprobt. Gleichzeitig übenahm Chruschtschow die alleinige Macht. Verteidigungsminister Schukow wurde unter dem Vorwand, er habe sich der politischen Erziehung der Streitkräfte widersetzt, abgelöst.

Mit der erfolgreichen Entwicklung von Mittel- und Langstreckenraketen sowie mit dem Aufbau eines wirksamen Luftverteidigungssystems hatten sich Streitkräftestruktur und strategisch-operative Möglichkeiten der Sowjetunion grundlegend gewandelt. Sie sah nunmehr die Möglichkeit, mit Mittel- und Langstreckenraketen die Stützpunkte der amerikanischen Bomberflotte anzugreifen, der Bedrohung durch die amerikanischen Bomber mit Hilfe der eigenen Raketenluftverteidigung entgegenzuwirken und vor allem das amerikanische Territorium selbst mit Nuklearwaffen anzugreifen.

Diese Entwicklung bedeutete eine grundlegende Veränderung der strategischen Lage zugunsten der Sowjetunion. Die „Einkreisung" durch amerikanische Paktsysteme und Bomberstützpunkte war militärisch durchbrochen, der erste Schritt von einer Kontinentalmacht zur militärischen Globalmacht schien gelungen.

Die Vorstellung von der nun errungenen strategisch-nuklearen Überlegenheit durch Mittel- und Langstreckenraketen führte in Verbindung mit der bereits erwähnten Theorie des „Initiativkrieges" unter Chruschtschow zu einer *offensiven Strategie der absoluten Dominanz der Nuklearstreitkräfte*.

Offiziell wurde die neue Militärstrategie im Januar 1960 vor dem Obersten Sowjet verkündet. Die diesbezüglichen Ausfüh-

rungen Chruschtschows können wie folgt zusammengefaßt werden:[20]
— Ein neuer Krieg ist nur noch als totaler Krieg ohne jede Beschränkungen im Gebrauch thermonuklearer Waffen denkbar.
— Infolge der Entwicklung von Raketen unterscheidet sich der Kriegsbeginn deutlich von früheren Kriegen, da ein Angreifer nun sofort das ganze Gebiet seines Gegners treffen kann.
— Die UdSSR muß den Vorteil ihres riesigen Gebietes nutzen, um seine Nuklearstreitkräfte aufzulockern. Sie kann sich auf diese Auflockerung und auf das gut ausgebaute Luftverteidigungssystem verlassen, um mit ausreichenden Vergeltungskräften den Feind zu vernichten.
— Herkömmliche Mittel, wie bewaffnete Flugzeuge und Überwasserschiffe sind überholt. Da es einen Landkrieg im herkömmlichen Sinne nicht mehr geben wird, sind größere Landstreitkräfte nicht mehr erforderlich. Es genügt ein System von territorialen Verbänden, wie in den Jahren nach dem Bürgerkrieg.

Wenn Chruschtschow entschlossen schien, die nicht-nuklearen Streitkräfte auf das für eine unmittelbare Verteidigung des eigenen Machtterritoriums erforderliche Minimum zu reduzieren, so kann diese Beschränkung nur als Konsequenz seiner Überzeugung vom Erfolg der nuklear gestützten Außenpolitik und Strategie verstanden werden, wobei diese wiederum im Glauben an die Schwäche und Nachgiebigkeit des Westens begründet war.

Die zur Realisierung der neuen strategischen Doktrin notwendige Umstrukturierung des sowjetischen Streitkräftepotentials wurde mit Chruschtschows Ankündigung eingeleitet, den personellen Streitkräfteumfang im Laufe der nächsten 1½ Jahre um 1,2 Millionen Mann zu reduzieren.

Noch im gleichen Jahr (1960) wurden die strategischen Raketentruppen zur selbständigen Teilstreitkraft mit erster Priorität in der Rangfolge der Teilstreitkräfte erhoben. Die Luftverteidigung, deren Effizienz durch den spektakulären U-2-Abschluß vor aller Welt unter Beweis gestellt worden war, rückte auf den zweiten Platz. Die in ihrer Bedeutung stark reduzierten Landstreitkräfte wurden im Zuge der Personalreduzierung von 175 auf 136 Divisionen verringert.

Änderung der strategischen Lage aus der Sicht der Sowjetunion

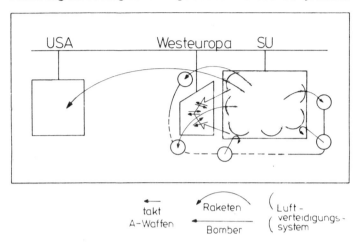

Von militärischer Seite wurden jedoch immer stärkere Bedenken gegen die neue Strategie vorgebracht. Dies führte dazu, daß ab 1961 auch den Land-, Luft- und Seestreitkräften Raketenwaffen zugeteilt wurden. Am 22. Parteitag im Oktober 1961 unterstrich Verteidigungsminister Malinowski die Neuorientierung der sowjetischen Strategie und Streitkräftekonzeption, wobei einige bemerkenswerte Korrekturen gegenüber Chruschtschows Vorstellungen auffielen. Die strategischen Raketentruppen wurden zwar als das Rückgrat der Streitkräfte bezeichnet, gleichzeitig wurde jedoch die Bedeutung der übrigen Teilstreitkräfte unterstrichen und betont, daß nur im Zusammenwirken aller Teile der Sieg errungen werden könne.

Besondere Beachtung verdient die Tatsache, daß die Sowjetunion unter Chruschtschow mit großem Nachdruck versuchte, die eben erst erworbene nukleare Macht sofort als politisches Pressionsmittel einzusetzen.

Dies schlug sich in den Jahren 1956 bis 1961 in einer langen Reihe von Nukleardrohungen und Versuchen nuklearer Erpressungen gegen eine Vielzahl westlicher Länder nieder und ist unter dem Schlagwort „Raketendiplomatie" in die Geschichte eingegangen. Ebenso wie beim Vorschlag einer „atomwaffenfreien Zone" bestand das Ziel dieser Drohungen nicht zuletzt darin, die Stationierung von amerikanischen Atomwaffen in Europa zu verhindern.

Der Höhepunkt von Chruschtschows Nuklearstrategie war der Versuch, auf Kuba atomare Mittelstreckenraketen zu installieren. Zum ersten Mal wurden nun die Vereinigten Staaten selbst Zielscheibe einer politischen und militärischen Drohaktion.

Das Scheitern dieser Aktion, die die Welt an den Rand eines Krieges führte, war eine schwere politische Niederlage Chruschtschows. Gleichzeitig wurden die tatsächlichen Kräfteverhältnisse auf dem Gebiet der Interkontinentalraketen offenbar.

Es zeigte sich, daß eine echte sowjetische Überlegenheit an einsatzbereiten Interkontinentalraketen nicht vorhanden war. Die Schwierigkeiten der Sowjetunion beim Aufbau ihres Raketenpotentials wird auch in der Tatsache deutlich, daß in den Jahren 1960-1963 der Posten des Oberbefehlshaber der strategischen Raketentruppen fünfmal neu besetzt wurde.

Chruschtschows Strategie und seine hieraus resultierende Politik der Nukleardrohungen waren nicht durch ein entsprechendes Militärpotential als Instrument der Politik abgedeckt. Seine Raketendiplomatie erscheint nachträglich als ein groß angelegter Bluff. Vieles spricht aber dafür, daß Chruschtschow wirklich von der sowjetischen Überlegenheit auf dem Raketensektor überzeugt war.

Sein Sturz im Jahre 1964 nach verschiedenen außenpolitischen Mißerfolgen ist sicherlich zu einem großen Teil darauf zurückzuführen, daß diese Grundvoraussetzung seiner Strategie und Politik mit und nach Kuba in eindeutiger Weise widerlegt wurde.

Mit der Nuklearstrategie Chruschtschows war der erste Versuch der Sowjetunion gescheitert, die kontinentale Beschränkung militärisch und damit politisch zu überwinden.

Sicherheit durch „abgestufte Abschreckung" und Entspannung?

Die Vorstellung, durch sowjetische Nuklearraketen auf dem eigenen Territorium angegriffen zu werden, mußte die amerikanische Selbstsicherheit wie ein Schock treffen. Mit dieser Möglichkeit der Sowjetunion hatte die Drohung mit der „massiven nuklearen Vergeltung" auch bei kleineren Aggressionen, den Kern ihrer Glaubwürdigkeit verloren. Die USA sahen sich daher gezwungen, ihre strategischen Prinzipien gründlich zu überprüfen und zu revidieren.

Die Jahre 1957-1961 waren von einer intensiven Strategiediskussion gekennzeichnet, die im Wahlkampf von 1960 ihren Höhepunkt erreichte und bei der das Schlagwort von der „Raketenlücke" eine zentrale Rolle spielte. Hauptkritiker der alten Strategie und Schöpfer einer neuen Strategie der „flexiblen Reaktion" war General Maxwell Taylor.

Unter Berücksichtigung des nunmehr anders gearteten sowjetischen Militärpotentials und der Tatsache, daß die Sowjetunion jetzt über unterschiedliche Optionen eines Angriffs verfügte, sollte die eigene Reaktion nach dem Prinzip der „Verhältnismäßigkeit" abgestuft werden.

Es sollten nur diejenigen Mittel eingesetzt werden, die zur Abwehr des Angriffs tatsächlich erforderlich schienen.

Dabei wurde zwischen den drei Hauptebenen, der konventionellen, der taktisch-nuklearen und der strategisch-nuklearen Ebene unterschieden.

Für die Verteidigung Europas lautete die wichtigste Forderung nunmehr, daß sich Westeuropa auch längere Zeit konventionell verteidigen können muß.

Diese neue Strategie war vor allem der Versuch Amerikas, sich dem Zwang zum sofortigen Einsatz von Nuklearwaffen zu entziehen und die Fähigkeit zur regionalen Kriegführung zu stärken.

Hieraus ergaben sich weitreichende Forderungen für Umfang und Struktur der Streitkräfte des Westens. Die Vereinigten Staaten mußten im strategisch-nuklearen Bereich den angenommenen sowjetischen Vorsprung ausgleichen und sich gegen eine weitere sowjetische Aufrüstung absichern. Vor allem mußten die konventionellen Streitkräfte des Bündnisses für ihre neue Aufgabenstellung erheblich verstärkt werden.

Für die NATO als Bündnis warf die neue Strategie eine Fülle von Problemen vor allem hinsichtlich der Einordnung und der nunmehrigen Rolle der Nuklearwaffen auf.

Mit Aufgabe der Strategie der „massiven Vergeltung" stellte sich mit aller Dringlichkeit die Frage, wer nun, nach welchen

Kriterien zu entscheiden hat, wann, in welchem Umfang und gegen welche Ziele Nuklearwaffen eingesetzt werden.

Mit anderen Worten: Die Führung des Bündnisses und die nukleare Garantie der Vereinigten Staaten für Westeuropa standen zur Diskussion.

Die Wiederherstellung der strategischen Überlegenheit der Vereinigten Staaten wurde durch das „Raketenprogamm Kennedys" umgehend in Angriff genommen. Hierzu sollte in kürzester Zeit ein Potential von 1 000 verbunkerten Interkontinentalraketen und 40 atomgetriebenen strategischen U-Booten mit über 600 Raketen an Bord bereitgestellt werden. Die strategische Bomberflotte konnte hierdurch stark reduziert werden.

Mit der zielstrebigen Realisierung dieses Programms demonstrierten die USA, ebenso wie mit dem Programm zur Eroberung des Weltraumes, in überzeugender Weise ihre Fähigkeit zur Mobilisierung von Reserven technologischer, wirtschaftlicher und finanzieller Art.

Bereits um 1965 war eine erneute strategisch-nukleare Überlegenheit gesichert. Dieser Erfolg war jedoch vor allem darauf zurückzuführen, daß sich der sowjetische Raketenvorsprung als bei weitem nicht so groß entpuppte, wie zunächst befürchtet worden war.

1958 hatten die Amerikaner mit etwa 500 sowjetischen Interkontinentalraketen im Jahr 1960 gerechnet. Später zeigte sich, daß die Sowjetunion zu diesem Zeitpunkt lediglich über etwa 30 einsatzbereite Interkontinentalraketen verfügte und den Bestand in den folgenden Jahren nur langsam zu steigern vermochte.

Das Problem der Verfügungsgewalt und Entscheidungsbefugnis über Nuklearwaffen führt zu dem in mehreren Spielarten erörterten und vorübergehend auch erprobten Plan, die NATO zur Atommacht auszubauen.

Doch dieser Plan scheiterte und das Problem wurde schließlich durch institutionalisierte Mitbeteiligung europäischer Partner an der nuklearen Einsatzplanung gelöst.

Unerfüllt blieb jedoch die Forderung nach *Stärkung der konventionellen Kräfte,* auch wenn die Vereinigten Staaten ihre Landstreitkräfte von 10 auf 16 Divisionen vergrößerten.

Daß die Europäer sich trotz der fast ultimativen Forderungen McNamaras nicht zu einer Verstärkung ihrer konventionellen

Kräfte entschließen konnten, hatte im wesentlichen zwei Gründe: Sie bezweifelten die von den Vereinigten Staaten bejahte Möglichkeit einer konventionellen Verteidigung Europas und wollten ein weiteres Anheben der Atomschwelle verhindern.

Zum zweiten schien etwa ab 1966 die beginnende „Entspannung" eine Verstärkung der Kräfte zu erübrigen.

Von erheblicher Tragweite sollte sich die Tatsache erweisen, daß es dem Westen in dieser Phase nicht gelang, ein Gegengewicht gegen das sowjetische Mittelstreckenpotential zu schaffen:

Die europäischen Länder zeigten — nicht zuletzt den Eindruck von Chruschtschows Raketendrohungen — kein Interesse am Ankauf der angebotenen amerikanischen Raketen und die 1959 in Großbritannien, Italien und der Türkei installierten Raketen wurden von den USA im Zuge der „Bereinigung der Kuba-Krise" mit der unzutreffenden Begründung, sie seien bereits veraltet, wieder abgezogen.

Als im Dezember 1967 mit Verabschiedung des NATO-Dokuments MC 14/3 die Annahme der Strategie der „flexiblen Vergeltung" offiziell beschlossen wurde, waren zwar zwei wesentliche Voraussetzungen erfüllt:

Die strategisch-nukleare Überlegenheit der USA war gesichert und die Rolle der Nuklearwaffen im Rahmen der neuen Strategie sowie die mit ihrem Einsatz verbundenen Probleme der Planungs- und Entscheidungsprozeduren schienen — soweit möglich — geklärt.

Nicht erfüllt jedoch war die zunächst als unabdingbar erklärte und nach wie vor im Prinzip von allen Partnern anerkannte Forderung nach Verstärkung der konventionellen Kräfte. Dies sollte sich in der weiteren Entwicklung als besonders schwerwiegend erweisen.

Mit dem Austritt Frankreichs aus der militärischen Organisation der NATO im Verlauf dieser Übergangsphase hatte das Bündnis eine deutliche und bis heute nicht korrigierte Schwächung erfahren.

Von besonderer Bedeutung ist die Tatsache, daß die NATO die Strategie der „angemessenen Reaktion" vor allem als „Strategie der Kriegverhinderung" und nicht als Kriegführungsstrategie im herkömmlichen Sinn definierte.

Die kriegsverhindernde Wirkung soll durch „Abschreckung" sichergestellt werden. Das Wesen der Abschreckung besteht darin, daß der Gegner durch Androhung eines für ihn untragbaren Schadens davon abgehalten wird, seinen politischen Willen unter Anwendung militärischer Gewalt gegen den eigenen Willen zur Wahrung der territorialen und politischen Integrität durchzusetzen.

Im wesentlichen beruht die Abschreckung nach wie vor in der Androhung des Einsatzes nuklearer Waffen.

Die Glaubwürdigkeit der Abschreckung soll unter Berücksichtigung der verschiedenen Formen und Stufen einer Aggression durch die Verbindung von militärischer Verteidigung und Androhung der Eskalation nach dem Prinzip der „Verhältnismäßigkeit der Mittel" gewährleistet werden.

Die nunmehr gültige Strategie der „angemessenen Raktion" und der „abgestuften Abschreckung" sieht daher die Eröffnung der militärische Verteidigung auf etwa der Ebene vor, die der Aggressor nach regionalem Ausmaß und der Dimension des Waffeneinsatzes für seinen Angriff gewählt hat.

Darüberhinaus soll durch Androhung der Eskalation einer Ausweitung des Konflikts entgegengewirkt und der Gegner zur Einstellung der Aggression veranlaßt werden.

Die Eskalationsdrohung bezieht sich nach bisherigen und derzeit noch gültiger Bündnisdefinition ausschließlich auf den Einsatz von Nuklearwaffen, nicht jedoch auf eine territoriale Ausweitung des Konflikts durch Eröffnung neuer Kriegsschauplätze oder Gegenangriffen in das gegnerische Bündnisgebiet, wie dies nun in der sich abzeichnenden neuen amerikanischen Globalstrategie erkennbar wird.

Die NATO-Strategie ist sowohl hinsichtlich der politischen Zielsetzung, der strategischen Konzeption und der militärischen Durchführung durch die strikte Beschränkung auf die Defensive geprägt.

Konventionelle Streitkräfte, die nuklearen Waffen für den Kriegsschauplatz Europa und die strategisch-nuklearen Waffen der Vereinigten Staaten sind die Hauptebenen dieser Strategie. Sie bilden zusammen eine „Triade".

Entwicklung Strategie und Streitkräftestruktur (1957-1967)

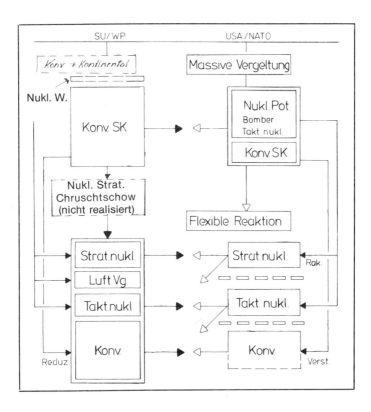

Von entscheidender Bedeutung ist die stufenlose Verknüpfung der genannten Ebenen. Sie wurde von der Bundesregierung im „Weißbuch 1979" wie folgt betont: „Die drei Elemente dieser Triade ergänzen einander, aber ein Element kann das andere nicht ersetzen. Die Abschreckungswirkung der Triade hängt davon ab, daß jedes Element, für sich genommen, glaubwürdig ist und daß gleichzeitig alle drei Elemente zur Eskalation miteinander verbunden sind. Dieser Verbund der Abschreckung muß lückenlos bleiben.

Die militärsichen Kräfte der NATO sind daher strukturell und konzeptionell eng miteinander verkoppelt. Das Kontinuum der

Abschreckung erlaubt es der NATO, stufenlos zu eskalieren, ohne daß ein Angreifer abschätzen kann, wann und mit welchen Mitteln die NATO auf den Angriff reagiert: Dies macht das Risiko für den Angreifer unkalkulierbar."[21]

Die stärkste Form der Abschreckung wird nach wie vor in den strategischen Nuklearwaffen gesehen.

Entgegen dem ursprünglichen Bestreben der USA, die Wirksamkeit der Abschreckung durch eine Überlegenheit in diesem Bereich sicherzustellen, wird seit Erreichen des strategisch-nuklearen „Patt" der beiden Supermächte die „wechselseitige Abschreckung" durch die gesicherte Fähigkeit beider Seiten zur Vernichtung des Gegners im nuklearen Gegenschlag („Zweitschlagfähigkeit") als wichtigster Garant der Abschreckung und Kriegsverhinderung gesehen.

Die entscheidende Voraussetzung für die Wirksamkeit und Glaubwürdigkeit dieser Strategie ist daher ein sorgfältig austariertes Kräfteverhältnis mit einem gesicherten Gleichgewicht der Fähigkeiten und Optionen in allen Ebenen oder aber mit dem Ausgleich von Unterlegenheit durch Überlegenheit in der nächsthöheren Ebene.

Mit der Strategie der „abgestuften Abschreckung" wurde 1967 als sicherheitspolitische Konzeption die Doppelstrategie von „Verteidigung und Entspannung" beschlossen. Damit wurde die Entspannung zum zweiten Bündniszweck erklärt.

Zwar wurde betont, daß Entspannungspolitik nur auf der Grundlage eines gesicherten Gleichgewichts der militärischen Kräfte erfolgen könne und insofern als ergänzendes Element zur Verteidigungsfähigkeit zu betrachten sei.

Es war jedoch unverkennbar, daß diese Konzeption nicht zuletzt die in einigen Ländern bereits angelaufenen Abbau der Verteidigungsanstrengungen legitimieren und in anderen Ländern den Weg hierzu öffnen sollte.

Im politischen Bewußtsein und in der politischen Praxis wurde Entspannung in den folgenden Jahren in zunehmendem Maß als konkurrierendes Element zur Sicherstellung angemessener Verteidigungsvorkehrungen und nicht selten auch echte Alternative und als Ersatz hierfür betrachtet. Dies hatte zur Folge, daß die erforderliche Verstärkung der konventionellen Kräfte als unabdingbare Voraussetzung der neuen Strategie auch nach deren offizieller Verabschiedung unterblieb und auf die erkannte Aufrüstung in allen Rüstungsbereichen nicht oder aber zu spät und in unzulänglicher Weise reagiert wurde.

Das strategische Patt

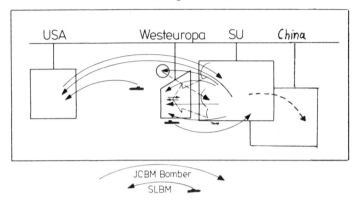

Breschnews Strategie der umfassenden Überlegenheit

Nach dem vollständigen Scheitern der nuklear dominierten Strategie Chruschtschows war eine Revision der sowjetischen Strategie unter Breschnew unumgänglich. Im Westen herrschte hierzu die Auffassung vor, die Sowjetunion werde nach ihrem vergeblichen Versuch, die kontinentale Beschränkung ihrer militärischen Möglichkeiten mit strategischen Nuklearraketen zu durchbrechen und eine den Vereinigten Staaten ebenbürtige strategische Machtstellung zu begründen, nun die strategisch-nukleare Überlegenheit der Vereinigten Staaten akzeptieren und eine der des Westens vergleichbaren Strategie des abgestuften Einsatzes militärischer Mittel mit dem Ziel der Vermeidung des allgemeinen Nuklearkrieges entwickeln. Die Voraussetzungen hierfür schien durch die nach wie vor bestehende konventionelle Überlegenheit der Sowjetunion in Europa gegeben.

Man rechnete daher im Westen zwar mit einer erneuten Aufwertung und Modernisierung der von Chruschtschow vernachlässigten konventionellen Streitkräfte, spektakuläre Entwicklungen wurden jedoch ausgeschlossen.

Darüberhinaus war man überzeugt, mit der Strategie der „flexiblen Reaktion" die richtige Antwort auf die erwartete Entwicklung bereits vorweggenommen zu haben.

Mit anderen Worten: Man erwartete, daß die Sowjetunion den militärisch-strategischen und den machtpolitischen Status quo akzeptieren, auf ein ihren politisch-ideologischen Zielen entsprechendes militärisches Potential verzichten und diese Ziele im Sinne der Politik der „friedlichen Koexistenz" ausschließlich mit nicht-militärischen Mitteln verfolgen würde.

Derartige Erwartungen mußten sich jedoch als Illusion erweisen. Breschnew entschied, wie er sich im Sinne der „historischen Mission" der Sowjetunion und nach dem spezifischen Verständnis von der Funktion der militärischen Macht als Mittel der Politik und des hieraus resultierenden unauflösbaren Zusammenhangs zwischen den politischen Zielen, der Strategie und der einzusetzenden Machtmitteln entscheiden mußte: nämlich für einen den politischen Zielen und den geostrategischen Bedingungen entsprechenden Ausbau der militärischen Macht.

Aus dem Scheitern der Strategie Chruschtschows wurden zwei wichtige Konsequenzen gezogen:

Zum einen wurde die einseitige Schwerpunktbildung zugunsten der strategisch-nuklearen Waffen durch eine umfassende Aufrüstung nach dem Prinzip Schukows von der „Gleichwertigkeit und Ausgewogenheit der Teilstreitkräfte" und Rüstungsebenen ersetzt.

Zum anderen war Breschnew entschlossen, Provokationen des Westens im Stile Chruschtschows zu vermeiden und diesen stattdessen durch eine beschwichtigende Politik der Entspannung möglichst lange von gleichartigen Rüstungsanstrengungen abzuhalten.

Der westlichen Doppelstrategie der „Verteidigung und Entspannung" setzte Breschnew also eine Strategie von „Entspannung plus Aufrüstung" entgegen.

Die Revision der sowjetischen Militärdoktrin vollzog sich in aller Stille. Sie war jedoch für den Westen sehr bald im Spiegel der Rüstungsentwicklung des Warschauer Paktes erkennbar.

Selbstverständlich betont auch die Sowjetunion ihr Bestreben, einen Krieg mit dem „imperialistischen Lager" zu vermeiden. Diese politische Absichterklärung findet jedoch keine Bestätigung in der sowjetischen Militärstrategie.

Bei einem Vergleich der beiderseitigen Strategien ergeben sich daher zwei ebenso grundsätzliche wie unüberbrückbare Unterschiede.

Im Gegensatz zur westlichen Strategie der *Kriegverhinderung* ist die der Sowjetunion erklärtermaßen ausschließlich eine Strategie der *Kriegführung*. Ihr ist weder die Aufgabe gestellt, einen Krieg zu verhindern, noch ist es ihr Ziel, einen angebrochenen Konflikt einzudämmen oder zu begrenzen.

Die sowjetische Strategie hat vielmehr die alleinige Aufgabe, in möglichst kurzer Zeit einen umfassenden militärischen Sieg herbeizuführen.

Darüberhinaus ist die sowjetische Strategie im Gegensatz zur NATO-Strategie ausschließlich eine Offensivstrategie. Die strategische Defensive wird nicht einmal als zeitlich oder räumlich befristete Möglichkeit der Kriegführung in Erwägung gezogen.

Auch das operative und taktische Denken wird von der dominierenden Bedeutung der Offensive bzw. des Angriffs beherrscht. Die vorübergehende Verteidigung in bestimmten Lagen spielt demgegenüber eine absolut untergeordnete Rolle und hat lediglich den Zweck, den Angriff an anderer Stelle zu sichern oder dessen Fortsetzung vorzubereiten.

In dem Bestreben, die beherrschende und allein kriegsentscheidende Rolle der Offensive als „historisches" Erbe der Sowjetarmee zu verankern, wird auch der 2. Weltkrieg als beispielgebend angeführt: „Im vergangenen Krieg begründete die sowjetische Militärwissenschaft die strategische Offensive als die entscheidende und wichtigste Kampfweise der Streitkräfte. Von den neun Kampagnen, die die sowjetischen Streitkräfte im Krieg durchführten, waren nur zwei von defensivem Charakter, die übrigen sieben waren offensiv. Von den 210 Frontoperationen waren 160 offensiv, und nur 50 wiesen defensiven Charakter auf."[22]

Die der NATO-Strategie zugrunde liegende Vorstellung von den verschiedenen Stufen einer Warschauer-Pakt-Aggression mit der Möglichkeit der Eskaltion findet in der sowjetischen Militärstrategie keine Bestätigung.

Die Möglichkeit eines begrenzten, konventionellen Krieges wird zwar nicht ausgeschlossen, im Mittelpunkt der Überlegungen steht jedoch die Überzeugung, daß ein Krieg mit der NATO nur als nuklearer Weltkrieg vorstellbar ist: „Ein gerechter Krieg, ein Krieg gegen die Imperialisten, wird unter den derzeit gegebenen Umständen sofort ein globaler internationaler Krieg sein müssen. Und dieser globale Krieg wird auch immer ein nuklearer Krieg sein, der keinen Unterschied zwischen Front und Etappe kennt."[23]

Die Vorstellungen zur Gesamtkriegführung sind von einer engen Verknüpfung der gleichzeitigen nuklearen und konventionellen Kriegführung aller Teilstreitkräfte gekennzeichnet: „Die Militärstrategie wird unter den Verhältnissen des modernen Krieges zu einer Strategie von in großer Tiefe geführten Raketen-und Kernwaffenschlägen in Verbindung mit Operationen aller Teilstreitkräfte mit dem Ziel der gleichzeitigen Bekämpfung und Vernichtung des Wirtschaftspotentials und der Streitkräfte in der gesamten Tiefe des feindlichen Territoriums, um die Kriegsziele innerhalb kurzer Zeit zu erreichen."[24]

Zum Element der Vernichtung tritt das Element der Eroberung: „Um den Sieg in einem Krieg zu errigen, genügt es nicht, das Kriegspotential des Gegners zu vernichten und seine staatliche und militärische Führung auszuschalten. Um den Endsieg zu erringen, muß man die strategisch wichtigen Räume in Besitz nehmen."[25]

Für den Kriegsschauplatz Europa wird dabei die „Besetzung der Länder der feindlichen Koalition" gefordert.

Die bestimmenden Elemente der sowjetischen Offensivstrategie sind somit die *Vernichtung* des Streitkräfte- und Wirtschaftspotentials und die territoriale *Eroberung.*

Besonderer Aufmerksamkeit verdient die sowjetische Absicht, die Kriegsziele in „kurzer Zeit" zu erreichen. Es wird betont, daß Dauer und Ausgang des Krieges von Umfang der bei Kriegsbeginn sofort eingesetzten Kräfte abhängen und daß in Abkehr vom traditionellen strategischen Prinzip des „Kräftehaushalts" und des Streben nach aufeinanderfolgenden „Teilsiegen" nun von Beginn an mit allen Mitteln der schnelle „Gesamtsieg" als Ergebnis einer umfassend koordinierten Aktion aller Teilstreitkräfte anzustreben ist.

Es ist daher davon auszugehen, daß die im Westen häufig diskutierte Frage, ob die Sowjetunion im Falle eines Krieges nach dem Prinzip „Stärke geht vor strategischer Überraschung" verfahren oder dem Prinzip „strategische Überraschung geht vor Stärke" dem Vorzug geben würde, entgegen der hier vorherrschenden Auffassung längst zugunsten der strategischen Überraschung entschieden wurde.

Die Nuklearwaffen sind in ihrer Gesamtheit ohne jeden Vorbehalt und ohne Einschränkung als entscheidende Mittel der Kriegführung in die Offensivstrategie der Sowjetunion einbezogen. Im Gegensatz zur Strategie des Westens dienen sie nicht dem Ziel der Abschreckung, sondern dem der Vernichtung.

Die sowjetische Militärstrategie zweifelt nicht an der Fähigkeit des sozialistischen Lagers, die strategischen Grundsätze zu verwirklichen und das gesetzte Ziel zu erreichen: „Seinen politischen und gesellschaftlichen Charakter nach wird der neue Weltkrieg die entscheidende Auseinandersetzung der beiden gegensätzlichen sozialen Weltsysteme sein. Dieser Krieg wird mit dem Sieg des fortschrittlichen kommunistischen Gesellschafts- und Wirtschaftssystems über das reaktionäre kapitalistische System enden, das historisch dem Untergang geweiht ist."[26]

Die eingangs erwähnte Vorstellung von einer Symmetrie der strategischen Prinzipien wird durch einen Vergleich der derzeit gültigen Strategien von NATO und Warschauer Pakt in keiner Weise bestätigt. Im Gegenteil: In allen Elementen wird in den Grundsätzen und in der Zielsetzung eine ebenso eindeutige wie unüberbrückbare Asymmetrie sichtbar.

Dies gilt auch für die Nuklearstrategie, bei der die Sowjetunion in ihrem Streben nach der Fähigkeit zur Kriegführung und zum Überleben im Nuklearkrieg das Abschreckungsprinzip des Westens ablehnt und im Gegensatz zur amerikanischen Nuklearstrategie ausdrücklich die Forderung nach Erstschlagfähigkeit erhebt: „Die Sowjetunion lehnt eine Abschreckung durch gegenseitig gesicherte Zerstörung strikt ab, und in sowjetischen Publikationen wird eine nicht offensiv einsetzbare Abschreckung als nutzlos und für die Sowjetunion gefährlich eingestuft. Nachdrücklich wird in publizistischen Äußerungen auf einen Erstschlag gegen das feindliche Atomwaffenpotential als Mittel eigener Überlebenssicherung und Schadensverminderung Wert gelegt."[27]

Der westlichen Strategie der Abschreckung und Kriegsverhinderung setzt die Sowjetunion eine Strategie der Kriegführung auf allen Ebenen entgegen. Die strikte Beschränkung des Westens auf Defensive und Verteidigung beantwortet der Osten mit der Entschlossenheit zur umfassenden Offensive. Die Vorstellung der NATO von einer Eskalation der Abschreckung und Kriegführung zum Zwecke der Beendigung des Konflikts wird durch die Wahrscheinlichkeit der sofortigen unbeschränkten Kriegführung unter Einbeziehung des Nuklearpotentials durch den Warschauer Pakt mit dem Ziel des „klassischen" Sieges durch Vernichtung und Eroberung in Frage gestellt.

Die Entwicklung der militärstrategischen Optionen als Kehrseite der Entspannung

Um Mitte der sechziger Jahre entsprachen die militärstrategischen Fähigkeiten der beiden Pakte in etwa den geopolitischen Bedingungen:

Die Sowjetunion konnte zwar mit ihren Langstreckenraketen das Territorium der USA erreichen, war jedoch im strategisch-nuklearen Kräfteverhältnis so deutlich unterlegen, daß sich hieraus in der Gesamtstrategie keine Vorteile ableiten ließen.

Die Möglichkeiten des Warschauer Paktes beschränkten sich nach wie vor auf die kontinentale Kriegführung, wobei in Europa zwar eine beträchtliche quantitative Überlegenheit bei den Landstreitkräften geltend gemacht, dies jedoch seitens der NATO durch eine Überlegenheit bei den Luftstreitkräften sowie bei den taktischen Atomwaffen ausgeglichen werden konnte.

Die Seestreitkräfte der NATO dominierten auf den Weltmeeren und beherrschten die „nassen Flanken" Europas vom Nordmeer bis zum Mittelmeer. Sie waren in der Lage, den Seeverkehr des Bündnisses und damit den erforderlichen Nachschub für den Brückenkopf Westeuropa sicherzustellen.

Die Verteidigung der NATO war jedoch auf Grund der relativ schwachen konventionellen Kräfte auf den Einsatz von Nuklearwaffen angewiesen. Ihr Einsatz durch die Vereinigten Staaten setzte die Bereitschaft voraus, für die Verteidigung Europas sowjetische Nuklearschläge gegen das eigene Land in Kauf zu nehmen.

Die Entwicklung des militärischen Kräfteverhältnisses zwischen NATO und Warschauer Pakt ist seit dieser Zeit durch einschneidende Veränderungen zugunsten des Ostblocks gekennzeichnet. Diese sind vor allem das Ergebnis einer forcierten Aufrüstung der Sowjetunion in allen Rüstungsbereichen, aber auch der mit der vermeindlichen Entspannung begründeten Rüstungsreduzierung im Westen.

Ziel der sowjetischen Rüstung war es vor allem, endlich den Schritt von der kontinentalen zur globalen Militärmacht zu vollziehen, eine Überlegenheit in den militärstrategischen Fähigkeiten und Optionen zu erlangen, und so die Voraussetzungen für eine Änderung der geopolitischen Gesamtlage zu schaffen.

Die erhöhten Rüstungsanstrengungen der Sowjetunion wurden zunächst auf *strategisch-nuklearem Sektor* deutlich. Hier gelang es, entgegen den Erwartungen der Vereinigten Staaten, bereits zu Beginn der siebziger Jahre, die Überlegenheit der Amerikaner zu brechen und den zahlenmäßigen Ausgleich zu erzielen.

Mit dem 1972 auf der Grundlage eines Gleichgewichts abgeschlossenen Vertrag zur „Begrenzung der strategischen Rüstung" (SALT) wurde eine grundlegende Veränderung der strategischen und politischen Machtverhältnisse „aktenkundig" gemacht. Die Sowjetunion wurde von den Vereinigten Staaten als gleichwertige Supermacht anerkannt. Sie bezeichnete dies zu Recht als ihren größten politischen Erfolg seit Potsdam.

Im Westen zweifelte niemand daran, daß die Sowjets mit der nun erreichten Parität ihr rüstungspolitisches Ziel auf strategisch-nuklearer Ebene erreicht hatten und sich nun in „Rüstungskooperation" mit dem Westen um die Stabilisierung dieses Gleichgewichts bemühen würden.

Durch die geradezu ungezügelte Steigerung der sowjetischen Nuklearrüstung wurde diese Überzeugung jedoch bald widerlegt. Kurz nach Vertragsabschluß begann die Sowjetunion unter Nutzung aller Möglichkeiten und Lücken von SALT-1 eine komplette Generation von neuen, mit Mehrfachgefechtsköpfen bestückten strategischen Raketen einzuführen. Verteidigungsminister Schlesinger bezeichnete dieses Rüstungsprogramm 1975 „nach Art und Umfang" als „niederschmetternd." Der ehemalige Generalinspekteur der Bundeswehr, General de Maizière, stellte zur Zielsetzung der Nuklearrüstung der Sowjetunion wenig später fest: „Sie unternimmt alle Anstrengungen, nun auch die „superiority" zu erringen."[28]

Heute steht außer Zweifel, daß die Sowjetunion diese „superiority" tatsächlich errungen hat.

Dies betrifft nicht nur das numerische Kräfteverhältnis, das mit Stand 1981/82 in folgenden Zahlen zum Ausdruck kommt:

	USA	SU
Interkontinentalraketen	1 052	1 398
U-Boot-Raketen	576	989
Strategische Bomber	316	150
Gesamtzahl	1 944	2 537

Der zahlenmäßige Vorsprung Moskaus ist dabei allerdings das geringste Problem. Entscheidend ist vielmehr, daß die Sowjetunion seit 1975 über 1 000 neue strategische Raketen installiert und zumindest eine partielle „Erstschlagfähigkeit" errungen hat. Durch die „Silo-Killer-Kapazität" ihrer neuen Raketen ist die Sowjetunion in der Lage, mit nur einen Drittel ihrer Interkontinentalraketen „praktisch alle" verbunkerten Raketen und einen Großteil der strategischen Bomber der Vereinigten Staaten zu zerstören.

Von erheblicher Bedeutung ist unter diesem Aspekt die Tatsache, daß es der Sowjetunion durch den Bau von atomsicheren Großbunkern für über 60 Millionen Menschen, durch die Errichtung von Vorratslagern in allen größeren Städten, durch gezielte Dezentralisierung der lebenswichtigen Industrie sowie durch eine umfangreiche Zivilschutzorganisation gelungen ist, die eigene Bevölkerung gegen einen atomaren Gegenschlag in einem Maß zu schützen, wie dies bisher nicht für möglich gehalten wurde.

Ein amerikanischer Gegenschlag könnte sich im wesentlichen nur gegen das gewarnte und geschützte Bevölkerungs- und Wirtschaftspotential richten, da die U-Boot-Raketen als Flächenwaffen zur Ausschaltung der verbliebenen sowjetischen Interkontinentalraketen zu ungenau sind.

Der Sowjetunion stehen dann für einen „Drittschlag" noch über 1 000 Raketen zur Vernichtung des ungeschützten amerikanischen Bevölkerungs- und Wirtschaftspotentials zur Verfügung.

Mit dieser Entwicklung wird die Auffassung widerlegt, der Sowjetunion gehe es bei ihrer Nuklearrüstung lediglich um ein Gleichgewicht mit den Vereinigten Staaten. Widerlegt wurde ebenfalls die Auffassung, auch Moskau betrachte das strategische-Nuklearpotential nur als Mittel zur wechselseitigen Abschreckung mit dem vorrangigen Ziel der Verhinderung des Atomkrieges.

Die Sowjetunion sucht mit ihrer Nuklearrüstung nicht eine Überlegenheit um ihrer selbst willen. Sie sucht vielmehr eine einseitige Fähigkeit zur Führung des Nuklearkrieges zu erlangen. Das Wort Carl Friedrich v. Weizsäckers, das sowjetische Zivilschutzprogramm sei „das deutlichste Beispiel der fortdauernden Anwendung traditioneller Kriegslogik auf russischer Seite", trifft daher auf ihre gesamte strategisch-nukleare Rüstung zu.

Ziel der Sowjetunion ist es, die Vereinigten Staaten durch „Umkehrung der Abschreckung", zum Verzicht auf die „Einmischung" der strategischen Nuklearwaffen zu zwingen und damit Westeuropa „strategisch" von den Vereinigten Staaten abzukoppeln oder diese im Falle der Weigerung bei eigenem Überleben vernichten zu können.

Für den Kampf um die Ausschaltung Westeuropas zielt die sowjetische Rüstung darauf ab, dessen außerordentliche Abhängigkeit von den außereuropäischen Energie- und Rohstoffquellen sowie die ozeanische Trennung von der Hauptbündnismacht USA und ihren strategischen Reserven auszunützen.

Dies ist neben dem Streben nach globaler militärischer Machtentfaltung Hauptzweck der *sowjetischen Seerüstung.*

Auch diese wird bis heute, ähnlich wie die Nuklearrüstung, mit dem Streben nach Symmetrie und Gleichgewicht fehlinterpretiert oder mit der Erklärung toleriert, zur Weltmachtgeltung gehörten nun einmal auch starke Seestreitkräfte.

Die NATO-Seestreitkräfte sind heute zwar noch so stark, daß ein maritimes Gleichgewicht sichergestellt ist. Doch sind die tiefgreifenden Veränderungen, die sich auf den Weltmeeren vollzogen haben, nicht zu übersehen.

Aus der Kontinentalmacht Sowjetunion ist längst eine den Vereinigten Staaten ebenbürtige Seemacht geworden.

Bis Mitte der sechziger Jahre beschränkte sich die Aufgabe der sowjetischen Marine im Rahmen der Anti-Amphibik-, Anti-

Träger- und Anti-Polaris-Programme auf den erweiterten Küstenschutz im Rahmen einer kontinentalen Kriegführung. Danach erfolgte Schritt für Schritt die Erweiterung des Operationsbereiches und der Präsenz, der Wechsel zu einer offensiven Seestrategie mit den Komponenten „Kampf gegen die feindlichen Flotten" und „Kampf gegen das feindliche Territorium" — letzteres im Rahmen der nuklearen Gesamtkriegführung.

Die Sowjetflotte verfügt als „junge Flotte" über einen weit geringeren Anteil überalteter Schiffe und über einen deutlich höheren Anteil moderner, raketenbewaffneter Kampfschiffe als die Flotten des Westens. Vor allem aber ist ihre Wachstumsrate bedeutend größer.

Während die Vereinigten Staaten bei der Zahl ihrer Hauptkampfschiffe im Zeitraum 1965-1978 einen Rückgang von 262 auf 172 zu verzeichnen hatten und den Bestand erst in den letzten Jahren vor allem durch Reaktivierung älterer Schiffe auf etwa 200 erhöhen konnte, hat die Sowjetunion (die Zahl ihrer Hauptkampfschiffe) im gleichen Zeitraum kontinuierlich von 125 auf 309 gesteigert.

Bei der Beurteilung des maritimen Kräfteverhältnisses ist zu berücksichtigen, daß die Sowjetunion eigene Nachschublinien über See nicht schützen muß und ihre Flotte daher zum überwiegenden Teil für offensive Aufgaben zur Verfügung steht. Sie ist daher ohne Zweifel in der Lage, den lebenswichtigen Nachschub des Westens über die Meere empfindlich zu beeinträchtigen.

Darüberhinaus ist die Sowjetflotte bereits im Frieden ein entscheidendes Instrument der sowjetischen Stützpunkt- und Interventionspolitik geworden. In Verbindung mit der Lufttransportkapazität der sowjetischen Luftwaffe hat Moskau hierdurch die Fähigkeit zu weltweiter militärischer Operationsfähigkeit erworben und bereits unter Beweis gestellt.

Für die Problematik der *„Zweifrontenstellung"* der Sowjetunion sowie für die militärische Lage am „Kriegsschauplatz Europa" ist besonders die Entwicklung bei den Land- und Luftstreitkräften bedeutsam.

Als Kontinentalblock verfügte der Warschauer-Pakt trotz seines geringeren Bevölkerungspotentials auch nach der Streitkräftereduzierung unter Chruschtschow über eine beträchtliche Übelegenheit bei den Landstreitkräften, die von der NATO damals durch qualitativ überlegene Luftstreitkräfte sowie durch die taktischen Nuklearwaffen ausgeglichen wurde.

In all diesen Bereichen hat sich die Lage mittlerweile zugunsten des Warschauer Paktes verändert.

Bei den Landstreitkräften ist auf Seiten des Warschauer Paktes eine Verstärkung der Sowjetarmee um 40 Divisionen — das entspricht der Hälfte der NATO-Kräfte — auf nunmehr 180 festzustellen. Hierdurch, sowie durch eine organisatorische Verstärkung der Divisionen, wurde der Panzerbestand der Sowjetarmee um ca. 20 000 auf etwa 53 000 erhöht. Die Gesamtstärke des Warschauer Paktes beträgt nun etwa 240 Divisionen und 68 000 Kampfpanzer.[29]

Die Landstreitkräfte der NATO haben demgegenüber nach einer Reduzierung von ca. 370 000 seit Mitte der sechziger Jahre, die in Folge einer allgemeinen Tendenz zur Verkleinerung der Verbände bei der Anzahl der Divisionen nur unzureichend zum Ausdruck kommt, eine Gesamtstärke von ca. 75 Divisionen und 23 000 Panzern.

Von großer Bedeutung sind die qualitativen Verbesserungen sowie die Verstärkung der taktisch-atomaren Komponente bei den sowjetischen Landstreitkräften in den letzten fünf Jahren. So wurde die Zahl der Kurzstrecken- und Gefechtsfeldraketen von etwa 900 um über 40% auf etwa 1 300 gesteigert. Die Modernisierung dieses Potentials durch Einführung der neuen Raketen SS-21, SS-22 und SS-23 ist angelaufen.

Bei den Luftstreitkräften wird die Entwicklung durch eine drastische Reduzierung der ursprünglich deutlich überlegenen Luftstreitkräfte der NATO von ca. 18 000 auf rund 8 000 Kampfflugzeugen im Zuge der Modernisierung bestimmt.

Der Warschauer Pakt konnte seinen Bestand halten und ist heute quantitativ mit etwa 11 000 Kampfflugzeugen überlegen.

Vor allem die sowjetischen Luftstreitkräfte wurden durch Einführung der Flugzeuge der „3. Generation", deren Anteil seit 1975 von 300 auf 2 500 Flugzeuge erhöht wurde, qualitativ erheblich verbessert und gelten heute auch in dieser Hinsicht als überlegen. Ferner hat eine Verlagerung von Kräften der „Heimatluftverteidigung" zur offensiven Luftkriegführung stattgefunden.

Insgesamt ist festzustellen, daß entgegen einer weit verbreiteten Annahme das Qualitätsgefälle zwischen den einzelnen Streitkräften innerhalb des Warschauer Paktes nicht größer ist als in der NATO. Auch wirkt es sich insofern bei weitem nicht so deutlich aus, als die Sowjetarmee als dominierende Armee etwa ²/₃ des Paktpotentials stellt.

In der NATO dagegen ist der Anteil der qualitativ niedrigeren Streitkräfte bedeutend höher. Der Anteil der südeuropäischen Länder Italien, Griechenland und Türkei umfaßt mit insgesamt 40 Divisionen immerhin die Hälfte des Gesamtpotentials der NATO-Landstreitkräfte.

Von zentraler Bedeutung ist die Entwicklung bei den *Mittelstreckenwaffen.* Die Sowjetunion besaß auf diesem Gebiet aus den 60er Jahren eine beträchtliche Überlegenheit, die durch die strategischen Nuklearwaffen der USA unschwer ausgeglichen werden konnte. Dies änderte sich jedoch durch die Entwicklung auf dieser Ebene mit und nach Erreichen des strategisch-nuklearen Patts. Der Westen wurde jedoch erst in dem Augenblick alarmiert, als die Sowjetunion sich anschickte, mit Einführung der mobilen und mit einem Dreifachgefechtskopf bestückten SS-20-Rakete diese Mittelstreckenüberlegenheit zu aktualisieren und auf eine neue qualitative Ebene anzuheben. Obwohl seit Einführung der SS-20 an die 300 alte Raketen der Typen SS-4 und SS-5 demontiert wurden, hat die Sowjetunion die Anzahl der Raketengefechtsköpfe mit Einführung von ca. 230 SS-20 zu Beginn des Jahres 1982 von ursprünglich 600 auf 1 200 verdoppelt. Dabei ist die Nachladefähigkeit der SS-20 noch nicht berücksichtigt.

Mit dem Tempo der SS-20-Rüstung hat die Sowjetunion bereits auf den Nachrüstungsbeschluß der NATO reagiert. Der bisher vorgesehene Umfang von 572 Mittelstreckensystemen ist daher als absolutes Minimum anzusehen und nur zu rechtfertigen, wenn gleichzeitig das strategisch-nukleare Gleichgewicht wiederhergestellt wird.

In *Europa* müssen bei der Beurteilung des militärischen Kräfteverhältnisses und der militärischen Optionen beider Seiten die geostrategischen Bedingungen berücksichtigt werden, die den Warschauer Pakt im hohen Maße begünstigen.

Die NATO ist gezwungen, auf einer überdehnten, bogenförmigen „äußeren" Linie von etwa 5 000 km Länge, die von Nordnorwegen bis in die Osttürkei führt, durch Seegebiete und neutrale Staaten mehrfach unterbrochen ist, ohne ausreichende Tiefe und ohne Hinterland eine weitgespannte Verteidigung zu führen.

Durch die hohe Konzentration des Bevölkerungs- und Wirtschaftspotentials in einer ersten Zone von etwa 1 000 km Tiefe ergibt sich ein gefährlicher Grad der Verwundbarkeit.

Der Warschauer-Pakt dagegen kann bei einem überaus günstigen Verhältnis von Breite und Tiefe des Raumes mit einem nahezu unbegrenzter Hinterland seine Operation auf der „inneren Linie" mit der Möglichkeit der schnellen Verlagerung von Kräften und Schwerpunkten führen. Darüberhinaus ist das sowjetische „Sanktuarium" durch das Glacis der vorgelagerten Bündnisländer geschützt.

Durch die Auflockerung des Bevölkerungs- und Wirtschaftspotentials ist der Grad der Verwundbarkeit wesentlich niedriger als auf westlicher Seite.

Nach den „klassischen" Gesetzen der Kriegführung wäre die NATO auch unter grundsätzlich defensiver Zielsetzung von den geostrategischen Bedingungen her gesehen eigentlich gezwungen, die fehlende Tiefe durch eine begrenzte Angriffsoperation zu gewinnen, um so die Voraussetzung für eine erfolgreiche Verteidigung auch bei längerer Dauer des Krieges zu schaffen und das Gesetz des Handelns nicht dem Gegner zu überlassen.

Den defensiven Grundsätzen ihrer Politik folgend, wird diese Möglichkeit jedoch von vornherein ausgeschlossen.

Da eine „bewegliche Verteidigung" im strategisch-operativen Sinn mangels Raum in der Tiefe nicht möglich ist, hat sich die NATO nicht zuletzt auf Drängen von deutscher Seite zur „stehenden Verteidigung" entlang der Ostgrenze der Bundesrepublik entschlossen — ein Prinzip, das weder der Beweglichkeit moderner Streitkräfte noch der deutschen Führungsfähigkeit entspricht und angesichts der atomaren Bedrohung mehr als problematisch ist.

Für die Sowjetunion besteht unter den Kriterien einer europäischen Kriegführung bei Beschränkung auf die Verteidigung des gegenwärtigen Besitzstandes keinerle' Veranlassung zu einem offensiven Vorgehen. Im Gegenteil: Mit der Elbe-Werra-Böhmerwald-Linie verfügt Moskau in Mitteleuropa über eine außerordentlich günstige Verteidigungslinie, die in angemessener operativer Staffelung in die Tiefe durch die Oder-Neiße-Linie ergänzt wird.

Für eine offensive Kriegführung des Warschauer Paktes liegen jedoch zumindest ebenso günstige Voraussetzungen vor. Aus der „inneren Linie" heraus sind die „zum Greifen nahen" strategisch-operativen Ziele in wenigen Stoßrichtungen mit eindeutiger Schwerpunktbildung erreichbar.

Insgesamt steht dem Warschauer Pakt für einen Angriff am „Kriegsschauplatz Europa" ein Kräftepotential von rund 180 Divisionen, 52 000 Panzern, 8 000 Kampfflugzeugen und 1 640 Mittelstreckenwaffen zur Verfügung. Die Verstärkung dieser Kräfte in den letzten 15 Jahren beläuft sich auf 15 Divisionen und 15 000 Panzern.

Dem steht ein NATO-Potential von etwa 65 bis 70 Divisionen, 12 000 Panzern, 3 700 Kampfflugzeugen und 350 Mittelstreckenwaffen gegenüber. Trotz Verstärkungen in wenigen Einzelbereichen war der Gesamtumfang dieser Kräfte im genannten Zeitraum rückläufig.

Der eindeutige Schwerpunkt des Warschauer Paktes ist in und gegen den mitteleuropäischen Abschnitt erkennbar.

Hier werden in einem relativ schmalen Angriffsstreifen von ca. 1 000 km Breite in dem durch die DDR, CSSR und Polen gebildeten „eisernen Dreieck" an die 60 Divisionen mit 22 000 Kampfpanzern bereitgehalten. Auffallend ist die quantitative und qualitative Verstärkung in den letzten zehn Jahren um etwa 100 000 Mann und über 6 000 Panzern sowie durch modernste Ausrüstung vor allem bei den sowjetischen Truppen.

In den angrenzenden drei westlichen Militärbezirken der Sowjetunion stehen weitere 32 Divisionen mit etwa 8 600 Kampfpanzern.

Dies ergibt ein Potential von etwa 90 Divisionen mit über 30 000 Panzern, wobei die Sowjetarmee mit 60 Divisionen dominierend ist.

Auf Seiten der NATO steht den ein „präsentes Potential" von 22-24 Divisionen mit ca. 6 100 Kampfpanzern zur Verfügung, das durch die Aufstellung von Reservenverbänden und Zuführung von Verstärkungskräften aus Großbritannien auf zunächst 26-27 Divisionen und im weiteren Velauf auf etwa 30 Divisionen verstärkt werden kann.

Bei der Beurteilung der dem Warschauer Pakt zur Verfügung stehenden *militärischen Optionen* hat der ehemalige Generalinspekteur der Bundeswehr, General de Maizière, auf die beiden möglichen Grundentscheidungen, Angriff nach den Prinzip „Überraschung vor Stärke" oder Angriff nach dem Prinzip „Stärke vor Überraschung", hingewiesen.

Im einzelnen lassen sich folgende Angriffsoptionen unterscheiden:

(1) Überraschungsangriff mit den „auf Knopfdruck" verfügbaren Kräften der „Fronten der 1. strategischen Staffel."

Hier sind die in der DDR und der CSSR stationierten sowjetischen Truppen (GSTD und ZGT) mit 25 Divisionen, die „Nationale Volksarmee" (NVA) der DDR sowie Teile der „Tschechischen Volksarmee" (CVA) zurechnen. Ihre Gesamtstärke kann auf 32-39 Divisionen veranschlagt werden. Aufgrund der kurzen „Aufmarschentfernungen ist dabei quasi ein Angriff „aus dem Stand" in weniger als 24 Stunden möglich.

(2) Angriff mit allen in der DDR, CSSR und Westpolen stationierten Kräften. Zur Verfügung stehen hierbei etwa 50 Divisionen. Bei Aufmarschentfernungen bis zu 600 km dauert der Aufmarsch 2-3 Tage. Ein wichtiges politisches Kriterium ist bei dieser Form darin zu sehen, daß keine Kräfte aus der Sowjetunion vorgeführt werden und es sich somit nach NATO-Kriterien um keine „großangelegte Aggression" mit der Möglichkeit des sofortigen Nukleareinsatzes der NATO handelt. Eine „strategische Überraschung" des Westens ist jedoch nicht mehr gegeben.

(3) Angriff nach umfassendem Aufmarsch einschließlich der in den 3 westlichen sowjetischen Militärbezirken stehenden Truppen. In diesem Fall wird mit 90-100 Divisionen zwar ein Höchstmaß an Stärke erreicht. Der hierbei erforderliche Zeitbedarf verschafft jedoch der NATO die Möglichkeit, ihrerseits Mobilmachung und Aufmarsch abzuschließen, sowie Verstärkungskräfte heranzuführen.

Die Entscheidung der WP-Führung wird selbstverständlich auch vom Kräfteaufkommen und den strategischen Prinzipien der NATO bestimmt.

Letztere besagen, daß die NATO bei einem konventionellen Angriff zunächst ohne Einsatz von Nuklearwaffen verteidigt.

Androhung und Einsatz von Nuklearwaffen erfolgen als Eskalation von Abschreckung und Verteidigung auf Grund politischer Entscheidungen. Von dominierender Bedeutung ist daher der Zeitfaktor.

Gen. a.D. Schulz, der letzte NATO-Oberbefehlshaber Europa-Mitte, nannte als Ziel der Vorneverteidigung, „den gegnerischen Angriffsplan zu durchkreuzen, wenn er am verletzlichsten ist, nämlich beim Antreten bevor der Angriff Schwung gewinnt."

Auf Seiten des WP wird sich längst die umgekehrte Überlegung aufgedrängt haben mit dem Ziel, die NATO-Verteidigung zu überwinden, wenn sie am verletzlichsten ist. Dies aber ist die Phase des Aufmarsches und der Vorbereitung der grenznahen Verteidigung.

Da die sowjetischen Truppen in der DDR und CSSR auf Grund ihrer totalen Kasernierung sowie ihrer personellen und materiellen Ausstattung „rund um die Uhr" einsatzbereit sind und auch die NVA über einen hohen Grad „ständiger Gefechtsbereitschaft" verfügt, stehen für einen Überraschungsangriff in dieser Phase ausreichend Kräfte zur Verfügung.

Der wesentliche Vorteil eines derartigen Überraschungsangriffs wäre die Chance, die nukleare Reaktion der NATO zu unterlaufen und die Führung des Westens vor Entscheidung zu stellen, die taktischen Nuklearwaffen im eigenen Land einsetzen zu müssen.

Nicht wenige Experten sehen daher in dieser Möglichkeit die wahrscheinlichste und gefährlichste Form eines Angriffs.

General a.D. Graf Kielmannsegg billigte der NATO-Verteidigung in Mitteleuropa zu Beginn der siebziger Jahre lediglich eine 50-prozentige Erfolgschance zu und warnte davor, die Überlegenheit des Ostens durch „Zahlenkunststücke hinwegzumanipulieren." Im Jahre 1973 stellte General Bennecke als NATO-Oberfehlshaber Europa-Mitte fest: „In Zentraleuropa sind unsere konventionellen Kräfte sehr stark unterlegen, daher gibt hier das Kräfteverhältnis zu ernster Sorge Anlaß."[30] Damals standen der NATO in diesem Raum 14 000 Panzer gegenüber. Heute sind es über 20 000. Vor zehn Jahren waren die Warschauer-Pakt-Divisionen denen der NATO in ihrer Stärke eindeutig unterlegen. Heute sind die sowjetischen Divisionen durch umfangreiche Verstärkungen in quantitativer und qualitativer Hinsicht den stärksten Divisionen der NATO, den deutschen und amerikanischen, zumindest ebenbürtig, denen aller anderen Verbündeten eindeutig überlegen. Die NATO hat ihre Panzerabwehr durch eine große Zahl von Lenkraketen verstärkt. Der Warschauer Pakt hat hierauf mit einer Verdoppelung seiner Artillerie, einer Verstärkung seiner Infanterie und der Einführung von Kampfhubschraubern in großer Zahl geantwortet.

Die Fähigkeit des Warschauer Paktes zu einem Angriff aus dem Stand in Mitteleuropa ist dadurch beträchtlich gewachsen. Es muß daher bezweifelt werden, ob die NATO beim heutigen Stand der Kräfte und der Bereitschaftsgrade in der Lage ist, eine konventionelle Verteidigung zu führen oder ob sie nicht vielmehr von Anfang an zum Einsatz nuklearer Waffen gezwungen wäre.

Nicht nur für den mitteleuropäischen Raum, sondern für die Kriegführung in Europa insgesamt sind die Veränderungen im Kräfteverhältnis der nicht-konventionellen strategischen Ebenen besonders im Hinblick auf die Prinzipien der NATO-Strategie von möglicherweise entscheidender Bedeutung.

Es war schon immer fragwürdig, ob sich der Warschauer Pakt durch die Androhung und Einsatz von taktischen Nuklearwaffen seitens zur NATO zur Beendigung seiner Aggression zwingen lassen würde, wenn er von vornherein mit dieser Reaktion rechnen mußte und sich dennoch zum Angriff entschlossen hat.

Nunmehr kommt hinzu, daß er aufgrund seiner Überlegenheit bei den taktischen Nuklearwaffen auf gleicher Ebene zumindest ebenso wirksam zurückschlagen kann. Aufgrund des Kräfteverhältnisses und der Staffelbildung auf östlicher Seite ist damit zu rechnen, daß die NATO in ihrer Fähigkeit — und ihren Willen — zur Fortsetzung der Verteidigung stärker beeinträchtigt würde als der Warschauer Pakt in seiner Fähigkeit zur Fortsetzung des Angriffs.

Entscheidend aber ist, daß die Sowjetunion nicht nur auf gleicher Ebene „angemessen" antworten, sondern darüberhinaus mit dem Einsatz ihres überlegenen nuklearen Mittelstreckenpotentials dem Westen ein ungleich stärkeres Übel zufügen kann.

Die „stufenlose Eskalation" des Westens stößt damit auf eine Art unüberwindbare Mauer, zumal eine weitere Eskaltionsdrohung in den strategisch-nuklearen Bereich auf Grund der dort eingetretenen Lage nicht mehr glaubhaft ist. Auch hier ist der Sowjetunion damit eine „Umkehrung der Abschreckung" gelungen.

Den Mittelstreckenwaffen kommt dabei eine zentrale Bedeutung zu. Durch die Entwicklung auf strategisch-nuklearem Gebiet stellen sie längst eine eigene strategische Ebene dar und sind keineswegs nur als „europäische Verlängerung" der strategischen Nuklearwaffen zu betrachten. Da die sowjetische Überlegenheit auf diesem Gebiet nicht, wie die Bundesregierung noch im Weißbuch 1979 behauptete, durch den „Rückgriff auf das Gesamtspektrum der Nuklearwaffen" ausgeglichen werden kann, ist die gesamte NATO-Strategie der angemessenen Reaktionen aus den Angeln gehoben.

Im Gesamtszenarium stellt sich der westeuropäische Kriegsschauplatz wie ein gigantischer Kessel dar, der durch See- und Luftstreitkräfte von seinem lebenswichtigen Nachschub und von den strategischen Reservekräften der USA abgeschnitten, durch die Mittelstreckenüberlegenheit der Sowjetunion gegen die strategisch-nukleare Ebene abgeschirmt ist und der aus Osten vom Warschauer Pakt mit überlegenen Land- und Luftstreikräften mit Schwerpunkt Mitteleuropa und dem Ziel des Durchbruchs zum Atlantik sowie gegen die strategischen Schlüsselzonen von Nordnorwegen bis zum Bosporus berannt wird. Das gespenstische Bild eines „Stalingrad" für über 200 Millionen Westeuropäer zeichnet sich ab.

Die sowjetische Rüstung der letzten Strategiephase war und ist daher keineswegs eine „gedankenlose Fortschreibung von Rüstungsprogrammen". Sie entspricht auch nicht einem notorischen Hang zur „Überversicherung." Sie ist vielmehr darauf angelegt, die geostrategischen Vorteile bis zum letzten auszuschöpfen und die geostrategischen Nachteile soweit wie möglich durch militärische Macht auszugleichen.

Sie berücksichtigt ferner die Prinzipien der NATO-Strategie und die Streitkräftestruktur des Westens und zielt sehr wirksam auf deren neuralgische Punkte und Schwachstellen.

Die westliche Konstruktion der stufenlosen Eskalation der Abschreckung und Kriegführung — von einer lokalen Aggression gegen den „Tannenberger Zipfel" bis hin zur strategisch-nuklearer Ebene — mit der „Unkalkulierbarkeit" der NATO-Reaktionen bei gleichzeitiger Beachtung des Prinzips von der „Ver-

„Bedrohung und Abschreckung"
nach den Kategorien westlicher Strategie

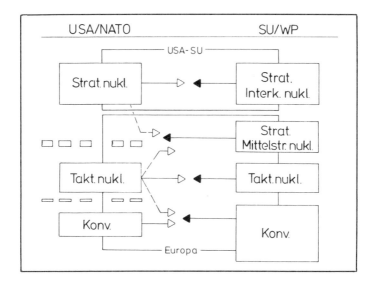

hältnismäßigkeit der Mittel" ist angesichts der unzureichenden Mittel auf allen Ebenen zur Fiktion geworden.

War diese Strategie im Kern bereits der Versuch, dem Minimum an vorhandenen militärischen Mitteln gerecht zu werden, muß nunmehr festgestellt werden, daß das Streitkräftepotential des Westens nach Umfang und Struktur den Anforderungen dieser Strategie nicht mehr entspricht.

Ziel der Sowjetunion ist es, den Brückenkopf Westeuropa zu Fall zu bringen und hierdurch eine Entscheidung herbeizuführen, bevor die Reserven der Vereinigten Staaten mobilisiert und zugeführt werden können.

Damit wird auch die derzeitige Lösung der „Zweifrontenstellung" der Sowjetunion deutlich: Die entscheidungssuchende strategische Offensive im Westen wird durch die Beschränkung auf die Defensive im Osten sichergestellt.

Diesem Konzept entspricht die Stationierung von lediglich 43 Divisionen mit entsprechender Luft- und Raketenunterstützung an der etwa 6 000 km langen Grenze zu China. Der Anteil dieser Gruppierung an der Gesamtstärke des Warschauer Paktes beträgt somit lediglich 20%.

Möglicherweise verbirgt sich hinter dieser Konzeption ein strategischer Gedanke in der zeitlichen Dimension eines halben Jahrhunderts, der darauf abzielt, das Problem der kontinentalen Zweifrontenlage im Westen zu lösen bevor sich China zur militärischen Weltmacht entwickelt und sich die globalen machtpolitischen Entscheidungen in den asiatischen Raum verlagern.

General a. D. Graf Kielmansegg hat 1979 zur Lage in Europa festgestellt: „Ob die UdSSR eines Tages angreifen wird kann niemand sagen, aber daß sie es heute schon von der „capability", also von der militärischen Fähigkeit dazu könnte, steht fest."[31]

Diese Fähigkeit in Europa selbst ist jedoch nur ein Element der sowjetischen „Doppelstrategie" zur Lösung der „europäischen Frage". Das zweite Element dieser Strategie ist der Versuch, Westeuropa in einer globalstrategischen Kette von Stützpunkten von Afghanistan über die Golf-Region, das Horn von Afrika bis zur Ost- und Westküste des afrikanischen Kontinents machtpolitisch zu umfassen.

Nach sowjetischer Auffassung von der Funktion und der politischen Wirkung militärischer Macht reicht allein die militärische Fähigkeit zum Angriff in Europa in Verbindung mit der Möglichkeit regionaler Aktionen im Verlaufe des strategischen Rings um Europa aus, um Westeuropa bei Abkoppelung von den Vereinigten Staaten zur „schleichenden Kapitulation" zu zwingen.

Politik ohne Wille zur Macht?

Strategie und Streitkräfte sind Mittel der Politik. Sie erfahren ihre sittliche Rechtfertigung durch die politischen Ziele als Ausdruck des menschlichen Willens zur Gestaltung seiner Welt.

Im Kern sind die tiefgreifenden machtpolitischen Veränderungen, die sich in der globalen Lage und im militär-strategischen Ost-West-Verhältnis in den letzten zehn bis fünfzehn Jahren vollzogen haben, auf fehlenden politischen Gestaltungswillen und auf ein gestörtes Verhältnis zur Macht auf seiten des Westens zurückzuführen.

Das vielbeschworene politische und militärische Gleichgewicht setzt ein Gleichgewicht im Willen zur Macht mit einem unbelasteten und vorurteilsfreien Verhältnis zur militärischen Macht voraus.

Im Westen und insbesondere in der Bundesrepublik wird militärische Macht als ein grundsätzliches Übel betrachtet. Ihre Legitimation wird in der Beschränkung auf den ausschließlichen Zweck der Abschreckung und Kriegsverhinderung und in der Begrenzung auf das für unumgänglich erachtete Minimum gesucht. Letzeres gilt nicht nur für die militärischen Kräfte, sondern auch für die geistige Auseinandersetzung mit dem Phänomen der militärischen Macht und den militärstrategischen Problemen unserer Sicherheitspolitik.

Mit dem abstrakten Begriff der Abschreckung und Kriegverhinderung werden die militärische Wirklichkeit, die Probleme und Erfordernisse der Kriegführung aus dem Bewußtsein verdrängt. Das gilt im hohen Maß auch für den Soldaten der Bundeswehr.

Die sicherheitspolitische Verantwortung einer überwältigenden Mehrheit der Parlamentarier beschränkt sich daher auf die jährliche Verabschiedung des Verteidigungsetat. Das Schlimmste aber ist, daß diese tiefgreifende Schwäche für eine geistig-moralische Stärke gehalten wird.

Die sowjetische Politik ist bei offensiv-dynamischer Grundhaltung von einem unbefangenen Verhältnis zur Macht gekennzeichnet. Sie betrachtet den Krieg nach wie vor als legitimes Mittel der Politik. Ihre Rüstung ist daher primär von der Forderung bestimmt, auf jede mögliche Form eines Krieges so vorbereitet zu sein, daß dieser in kurzer Zeit siegreich beendet werden kann.

Darüberhinaus geht die Sowjetunion bei ihrer Rüstung von der generellen Bedeutung der militärischen Macht und von der Erkenntnis aus, daß die politischen Machtverhältnisse auf dieser Welt in erster Linie von den militärischen Kräfteverhältnissen bestimmt werden und sich keine Politik den dabei geschaffenen Realitäten entziehen kann.

Dem Prinzip des Gleichgewichts setzt Moskau daher das Streben nach militärischen Überlegenheit entgegen. Es fällt ihr nicht schwer, dieses Streben ursächlich mit der Entspannung zu verbinden:

„Nicht ein gewisses Minimum an militärischen Defensivpotential unserer Koalition, auch kein sogenanntes Gleichgewicht des Schreckens haben einen Zustand in den internationalen Beziehungen herbeigeführt, den die Menschen erleichtert als Wende vom Kalten Krieg zur Entspannung empfindet. Die im zähen Kräfteringen der Nachkriegsjahre hart erkämpfte militärische Überlegenheit der Sowjetunion und ihrer Verbündeten über die imperialistischen Hauptmächte war es, die den Frieden sicherer, die antiimperialistischen Kräfte selbstbewußter gemacht und den weltrevolutionären Prozeß vorangebracht haben."[32]

Wenn schon nicht aus eigenem Antrieb, so müßte der Westen durch die ihm auf diese Weise von der Sowjetunion aufgezwungenen Gesetze der Macht zu einem Umdenken veranlaßt werden.

Er muß sich der Erkenntnis beugen, daß die Zuflucht zur nuklearen Abschreckung, auf die sich auch heute noch die Hoffnungen gründen, und die in Wirklichkeit vor allem eine Flucht aus der unmittelbaren militärischen Inpflichtnahme ist, zu schwerwiegenden Fehlentwicklungen geführt hat.

Von einer „Sicherheitspartnerschaft" mit der Sowjetunion als Grundlage und Leitlinie der Ost-West-Beziehungen zu reden, ist daher eine verantwortungslose Vernebelung der militärischen und machtpolitischen Realitäten in Europa. Der Westen tut sich schwer genug, die dringend erforderlich „Sicherheitspartnerschaft" im eigenen Lager zu erhalten und zu festigen. Eine „Sicherheitspartnerschaft" mit der Sowjetunion jedoch setzt auf westlicher Seite die stillschweigende Bereitschaft zur Kapitulation voraus.

Der französische Militärexperte F.O. Miksche stellte mit Blick auf die Entwicklung der sicherheitspolitischen Lage seit Bestehen der NATO fest: „Trotz dreißigjähriger Existenz brachte das Bündnis des Westens eine der Weltlage entsprechende Strategie nie auf die Beine."[33]

So richtig diese Feststellung ist, bei genauerem Zusehen zeigt sich, daß der angesprochene Mangel in der strategischen Grundkonzeption letztlich immer auf den mangelnden Willen des Westens zurückzuführen war, ein den Erfordernissen der

Weltlage und den eigenen Möglichkeiten entsprechendes Streitkräftepotential auf die Beine zu stellen.

Die Flucht in eine einseitig nukleare Strategie in der ersten Hälfte und in die Illusion von „Entspannung und kooperativer Rüstungssteuerung" in der zweiten Hälfte der Bündnisentwicklung sind Folge und Ausdruck eben dieses mangelnden Willens.

Unter nicht selten geradezu elitär anmutender Ablehnung einer „Primitivstrategie" der Kriegführung, wie sie auf sowjetischer Seite festzustellen ist, glaubte sich der Westen sich mit einer „politisch" überlegenen „Strategie der Kriegsverhinderung durch Abschreckung" den Erfordernissen selbst einer eng begrenzten defensiven Kriegführung entziehen zu können. Kriegsverhinderung setzt jedoch nun einmal die für den Gegner offenkundige Fähigkeit zur erfolgreichen Kriegsführung voraus. Was anderes als die Kenntnis von der Fähigkeit zu erfolgreicher Verteidigung in Verbindung mit einem unkalkulierbarem Risiko für das eigene Herrschaftssystem sollte die Sowjetunion von der Versuchung zurückschrecken lassen, aus den außerordentlichen militärischen Investitionen der letzten zwanzig Jahre einen konkreten politischen Gewinn zu erzielen?

Das Problem des Westens liegt daher weniger in der Schlüssigkeit seiner strategischen Doktrinen, als vielmehr darin, daß die Prinzipien der Strategie nicht mehr mit den zu ihrer Realisierung erforderlichen Streitkräften in Einklang stehen. Daher helfen auch die „alternativen" Strategien, wie sie zur Zeit mit auffallender Geschäftigkeit angeboten werden, nicht weiter. Sie sind im Gegenteil geeignet, aufs neue die Illusion zu wecken, mit unzureichenden Mitteln ein Mehr an Sicherheit zu erlangen.

Die einseitige Flucht in die nukleare Abschreckung als die billigere und bequemere Lösung hat zu einer verhängnisvollen Vernachlässigung der konventionellen Verteidigungskraft der NATO geführt, die auch dann nicht korrigiert wurde, als die Löcher im nuklearen Schirm immer größer wurden. Es wäre jedoch eine verhängnisvolle Illusion zu glauben, der Westen könnte sich dem nun entstandenen nuklearen Dilemma durch die gegenteilige Reaktion der schlichten Flucht vor den Nuklearwaffen entziehen. Denn damit entfiele für die Sowjetunion die Restgröße der Ungewißheit und Unkalkulierbarkeit eines Krieges in Europa. Der österreichische General Spannocchi, den der französische Generalstabschef Lacaze einmal den „einzigen eigenständigen strategischen Denker" Europas bezeichnet hat und der für die besonderen Verhältnisse eines Landes die Strategie der „Raumverteidigung" entwickelt hat, hat den Westen mit Nachdruck vor einem Verzicht auf nukleare Abschreckung gewarnt, weil dann die Wahrscheinlichkeit eines Krieges schlagartig näher rücken würde. Dies gilt im übrigen auch für eine „atomwaffenfreie Zone" in Europa oder Mitteleuropa.

Kriegsverhinderung setzt nun einmal die Fähigkeit zu erfolgreicher Kriegführung voraus. Der Westen muß sich daher vor allem der Erkenntnis stellen, daß es keine „Strategie der unzureichenden Mittel" und keine Strategie des halben Willens gibt. Wenn er schon auf die seiner geopolitischen Lage sowie seinem Bevölkerungs- und Wirtschaftspotential entsprechenden militärischen Überlegenheit zu verzichten bereit ist, so muß er wenigstens erkennen, daß das vielbeschworene „Gleichgewicht der Kräfte" nicht als Ergebnis der Einsicht und der politischen Vernunft der Sowjetunion erwartet werden kann, sondern vielmehr aus eigenem Willen und eigener Kraft gegen den Überlegenheitsanspruch Moskaus errungen werden muß. Ohne Zweifel verfügt der Westen auch heute noch über alle hierfür erforderlichen Voraussetzungen. Allerdings ist eine Besinnung auf die Priorität einer in die Zukunft gerichteten Außen- und Sicherheitspolitik erforderlich. Das „soziale Netz" ist eine wundervolle Sache, — sowjetische Panzerarmeen lassen sich damit jedoch nicht auffangen.

Nach Lage der Dinge gibt es nur einen Weg zur Wiederherstellung des friedenserhaltenden Gleichgewichts: Der Westen muß die Glaubwürdigkeit der nuklearen Abschreckung sowohl in Europa als auch auf strategisch-nuklearer Ebene wiederherstellen und er muß gleichzeitig seine konventionelle Verteidigung erheblich verstärken, um die einseitige Abhängigkeit von der nuklearen Abschreckung zu mindern und die nukleare Schwelle zu erhöhen.

In den Vereinigten Staaten ist bereits eine Revision des strategischen Denkens hin zu einer global orientierten Strategie im Gange. Diese Revision liegt nicht zuletzt auch im Interesse Westeuropas. Wie anders sollte die globalstrategische Umfassung dieses Subkontinents durch die Sowjetunion Einhalt geboten werden. Es ist allerdings höchste Zeit, daß auch die

Westeuropäer die Konsequenzen aus der gescheiterten Entspannungspoltik und den veränderten Bedingungen der militärstrategischen Lage ziehen.

Die Sowjetunion nähert sich einem Höhepunkt militärischer Machtentfaltung. Vieles spricht jedoch auch dafür, daß mit diesem Höhepunkt gleichzeitig das Ende einer Epoche erreichen wird. Das derzeitige Führungskollektiv geht ihrem natürlichen Ende entgegen. Gleichzeitig treten die inneren Widersprüche des Systems immer deutlicher zutage. Der einzige Trumpf des sowjetischen Systems ist seine militärische Stärke. Es ist die Sache des Westens dafür zu sorgen, daß dieser Trumpf nicht sticht.

Im Grunde gibt es hierfür nur eine einzige Vorbedingung:

Er darf nicht länger in einem Zustand verharren, wie ihn der österreichische Dichter Grillparzer einmal für das Haus Habsburg charakterisiert hat, nämlich „mit halben Mitteln — zu halber Tat — auf halben Wegen — zauderhaft zu streben."

Durch nichts können Freiheit und Frieden stärker gefährdet werden als durch ein Verhalten, das Moskau am Willen und an der Fähigkeit des Westens zur Verteidigung zweifeln läßt. Für die Bundesrepublik und für Westeuropa insgesamt kommt es daher vor allem darauf an, die angeschlagene wehrpsychologische Lage zu stabilisieren und durch politisches Handeln den Beweis für den ungebrochenen Willen zur Verteidigung einer weit überwiegenden Mehrheit der Bevölkerung zu liefern.

Die militärische Konfrontation der beiden Blöcke mitten in Deutschland und Europa kann sicher nicht der politischen Weisheit letzter Schluß sein. Am allerwenigsten aus deutscher Sicht. Heute kommt es jedoch in erster Linie darauf an, zu verhindern, daß dieser „Status quo" durch die Sowjetunion im Sinne einer Neutralisierung und Ausschaltung Westeuropas verändert wird. Erst wenn die Machthaber im Kreml zu der Erkenntnis gezwungen werden, daß eine Veränderung der globalen Lage durch Ausschaltung oder Inbesitznahme Westeuropas außerhalb jeder möglichen Entwicklung liegt, kann sich die Chance ergeben, daß Moskau über eine andersgeartete Neugestaltung der politischen Ordnung in Europa nachzudenken bereit ist. Dies ist somit der einzige realistische Ansatz, die Lage der „geteilten Nation" zu verändern.

Anmerkungen

1) Schmidt Helmut, Die Strategie des Gleichgewichts,
   Stuttgart 1969, S. 15
2) Weißbuch der Bundesregierung 1971/72, Vorwort
3) Survival (GB), Jan./Feb. 1978, S. 3
4) de Maizière, Frankfurter Allgemeine Zeitung, 9.2.1977
5) Joffe Josef, Macht und Mächte in der internationalen Politik, in: Sicherheitspolitik, 3. Aufl., Bad Honef 1978, S. 37
6) Europäische Wehrkunde, 6/1979, S. 270
7) Soldat und Technik, 6/1979, S. 289
8) van Well, Staatssekretär, Europäische Wehrkunde. a.a.O.
9) Welt am Sonntag, 7.1.1979
10) Die Zeit, 8.4.1977
11) Lenin, Über Krieg, Armee und Militärwissenschaft,
    Bd I (Ost) Berlin 1961, S. 494, 495
12) Sokolowski, Militär-Strategie, dtsch: Köln 1969, S. 239
13) Saposnikow, Kopf der Armee, Moskau 1929, S. 239
14) Sokolowski, a.a.O., S. 255
15) Feodorow, Marxismus-Leninismus über den Krieg und die Armee, dtsch: Krieg, Armee, Militärwissenschaft, (Ost) Berlin 1963, S. 103
16) Roter Stern (UdSSR), Armeezeitung), 19.4.1973
17) Savjalow, Roter Stern, 19.4.1973
18) Prawda (UdSSR), 25.9.1946
19) zitiert nach: Wagner, Ideologie und Militärdoktrin in der Sowjetunion, München 1974, S. 268
20) Vergl.: Garder, Die Geschichte der Sowjetarmee,
    Frankfurt/Main 1968, S. 165, 166
21) Weißbuch der Bundesregierung 1979, S. 123, 124
22) Fedossejew, Aus der Geschichte der sowjetischen Militärwissenschaft, zitiert nach: Österreichische Militärische Zeitschrift, 6/1977, S. 465
23) s. Quellenangabe 17)
24) Sokolowski, a.a.O., S. 64
25) Sokolowski, a.a.O., zitiert nach: Europäische Wehrkunde 5/1979, S. 216
26) Sokolowski, a.a.O, S. 294
27) Hecht, Die amerikanische und sowjetische Strategie,
    Österreichische Militärzeitschrift, 6/1978, S. 480
28) Frankfurter Allgemeine Zeitung, 9.2.1977
29) Kräfteentwicklung von NATO und Warschauer Pakt s.
    Farwick/Hubatschek, Die strategische Erpressung, München 1981
30) Welt am Sonntag, 30.9.1973
31) Europäische Wehrkunde, 5/1979, S. 215
32) Einheit, (Ost) Berlin, 3/1976
33) Miksche, Bis 2000, Stuttgart 1979, S. 42

Horst Groepper

Deutschland und Europa

> *Ich habe das Wort „Europa" immer nur im Munde derjenigen Politiker gefunden, die von anderen Mächten etwas verlangten, was sie im eigenen Namen nicht zu fordern wagten.*
> *Der viel mißbrauchte Begriff „europäische Interessen" wird uns nicht verleiten dürfen, der deutschen Nation zuzumuten, daß sie ihre Politik nach anderen als deutschen Interessen regelt.*
> Bismarck

I. Das Ziel der Untersuchung

Dieser Aufsatz ist aus Vorträgen hervorgegangen, die ich in den Jahren 1974 bis 1981 in Berlin und einer Reihe westdeutscher Städte zur Deutschland- und Ostpolitik gehalten habe. Ihm liegt in seiner hier vorgelegten thematischen Begrenzung der Wunsch zugrunde, unter denjenigen Faktoren, denen für den Verlauf der deutschlandpolitischen Entwicklung wesentliche Bedeutung zukommt, den Einfluß zu untersuchen, den die europäische Komponente der westdeutschen Politik, das Streben nach einem „Vereinigten (West-)Europa" unter Einschluß der Bundesrepublik, auf unser nationales Anliegen der Wiedervereinigung Deutschlands ausgeübt hat und noch ausübt. Einen solchen Rückblick halte ich aus doppeltem Grunde für geboten: er drängt zu der Frage, ob wir Deutschen in der Bundesrepublik dieses Streben weiter verfolgen dürfen; und er gibt, glaube ich, auf diese Frage eine eindeutige Antwort.

II. Die deutsche Einheit — noch nationales Ziel?

Dabei setze ich voraus, daß in unserem Volke zumindest noch ein Rest von Gefühl vorhanden ist für das, was wir einstmals waren und was wir heute sind, das heißt also für den steilen Abstieg von geachteter Höhe nach der Reichsgründung zur derzeitigen Lage der Teilung und Zerstückelung unseres Vaterlandes. Diese Prämisse — und damit eine ihr entsprechende Grundeinstellung für die Zukunft — ist heute für Viele nicht mehr selbstverständlich. Ging nach dem Kriege der Streit der Meinungen bei uns viele Jahre hindurch allein darum, *wie* die deutsche Einheit wieder erreicht werden könne, so melden sich seit geraumer Zeit in wachsender Zahl Stimmen zu Wort, die sich bemühen, das Ziel der Einheit selbst als fragwürdig und unserer Aufgabe nicht gemäß erscheinen zu lassen. Tendenzen dieser Art sind natürlich Wasser auf die Mühle unserer Widersacher. Die Gefahr ihrer Verbreitung ist dazu umso weniger von der Hand zu weisen, als sie zumeist mit geschichtlichen Hinweisen untermauert werden, die auf den ersten Blick manchem bestechend erscheinen mögen. Hier bedarf es deshalb der Klarstellung. Denn in Wahrheit können derartige Hinweise keineswegs zur Rechtfertigung jener Tendenzen ins Feld geführt werden.

Wenn im März 1977 z.B. ein deutscher Historiker bei Erörterung der deutschlandpolitischen Lage erklärte, der Nationalstaat sei nicht die Norm der deutschen Geschichte, da er erst nach tausend Jahren deutscher Geschichte unter Bismarck entstanden sei, so hat diese Feststellung mit der Berechtigung unseres Einheitsstrebens nichts zu tun. Ebensowenig, wie etwa der Umstand, daß bei uns die parlamentarische Regierungsform erstmals im Oktober 1918 verwirklicht wurde, also auch keine Norm der deutschen Geschichte war, etwas über den Wert oder Unwert der parlamentarischen Demokratie aussagt. Jener Feststellung über den Nationalstaat muß doch hinzugefügt werden, daß der Reichsgründung sechs Jahrhunderte deutscher Zerrissenheit und Ohnmacht vorausgingen, während welcher die Völker Europas auf deutschem Boden ihre blutigen Fehden austrugen und das Reich immer wieder wertvoller Teile seines Territoriums verlustig ging; hinzugefügt werden ebenso, daß das deutsche Volk schon während des *ganzen* 19. Jahrhunderts von tiefer Sehnsucht nach Einheit erfüllt war, wie sie in dem 1841 entstandenen Deutschlandlied zum Ausdruck kommt und wie sie auch die Männer der Paulskirche geleitet hatte; und daß es Bismarcks Verdienst — ähnlich demjenigen Cavours für Italien — gerade war, diese Sehnsucht allen Hemmnissen zum Trotz zur Erfüllung zu bringen und damit dem deutschen Volk das zu verschaffen, was andere Völker, wie Franzosen und Engländer, schon Jahrhunderte vorher erlangt hatten; hinzugefügt werden muß schließlich, daß nach der Reichsgründung das deutsche Volk in seiner überwältigenden Mehrheit die endlich erreichte Einheit als das kostbarste Gut seiner neueren Geschichte gewürdigt hat. Mit Recht sprach deshalb bereits Bismarcks erster Nachfolger, Caprivi, in einer Reichstagsrede im November 1892 von der Verpflichtung, der kommenden Generation „das Glück zu erhalten, das wir zum ersten Mal empfunden haben, das Glück, Bürger eines einigen Deutschlands zu sein." Und ganz ähnlich drückte unter grundlegend veränderten Verhältnissen im Jahre 1929 der frühere Reichsminister und Reichstagsabgeordnete des Zentrums Bell, einer der beiden deutschen Unterzeichner des Versailler Diktatfriedens, in einem Rückblick auf jene schwere Stunde in Versailles denselben Gedanken mit den Worten aus: „Ein Lichtblick leuchtet aus damaliger Finsternis — so schwere und schmerzliche Verluste wir erleiden mußten, das kostbare Gut der Reichseinheit blieb uns doch gerettet, ... der Reichseinheit als des teuersten Vermächtnisses für die kommende Generation, der unser Leiden galt und unser Opfer." So, und nicht anders hatte es auch schon der erste Reichspräsident, der Sozialdemokrat Friedrich Ebert, gesehen: als von ihm der letzte kaiserliche Kanzler, Prinz Max von Badem, an jenem schicksalsschweren 9. November 1918 nach Übergabe der Regierungsgeschäfte mit den Worten Abschied nahm: „Herr Ebert, ich lege Ihnen das Deutsche Reich ans Herz," erwiderte er: „Ich habe zwei Söhne für dieses Reich verloren." Und er war es dann, der im Jahre 1922 das Deutschlandlied zur deutschen Nationalhymne erklärte, das Lied, das uns Deutsche gerade in seiner ersten Strophe, in die der Dichter „manches von Zweifel hineingelegt hat, weil er die Natur des Deutschen kannte," an das von uns meistens mißachtete Gebot der Einigkeit gemahnen soll (Stresemann vor der deutschen Kolonie in Genf am 21.9.1926).

Und wie man es schließlich von jeher im Ausland sah, dafür nur ein Wort aus einem im Jahre 1913 erschienenen Buch eines Franzosen, Marcel Sembat, das s. Zt. in Frankreich großes Aufsehen erregte. In ihm hielt der Autor den Anhängern der Revanche entgegen: „Wenn wir Sieger sein sollten, werden wir die deutsche Einheit nicht zerbrechen, denn wenn wir sie zerbrechen wollten, würde die Erinnerung an ein halbes Jahrhundert der Einheit im Herzen aller Deutschen leben ... und die Niederlage würde diese Einheit noch fester zementieren, als der Sieg es vermöchte."

Wollen wir Deutschen im freien Teil unseres Vaterlandes diese Worte heute durch unsere Haltung Lügen strafen? Fast möchte es so scheinen, ja, fast könnte man meinen, daß viele von uns es geradezu darauf anlegten, das Ausland vom Gegenteil jener Voraussage zu überzeugen. So sprach am 13. September 1977 der Leitartikel der „Frankfurter Allgemeinen Zeitung" (F.A.Z.) mit klagendem Unterton von dem „immer wieder aufflackernden Argwohn, die Bundesrepublik könne doch daran denken, eines Tages der Wiedervereinigung wegen aus dem westlichen Geleitzug auszuscheren," einem Argwohn, der von der Unfähigkeit unserer Nachbarn lebe, „sich vorzustellen, was hierzulande jeder weiß und eher schamvoll zu verbergen sucht: daß nämlich der Wille der Westdeutschen zur nationalen Einheit weit unter dem liegt, was das Grundgesetz und seine Karlsruher Ausleger erlauben." Und der Verfasser des Artikels fügte bedauernd hinzu, es werde draußen von niemanden so recht anerkannt und gewürdigt, daß wir uns doch von unserer Vergangenheit bis zur Unerkennbarkeit weit entfernt hätten und kaum mehr Stoff von jenem Stoffe seien, aus dem das Bismarckreich und vieles von Weimar und, wie der Verfasser meint, auch ein gutes Stück des Dritten Reiches gewesen seien.

So war es nicht zu verwundern, daß der stellvertretende Chefredakteur der britischen Zeitung „Daily Telegraph", Reginald Steed, in einem von der Tageszeitung „Die Welt" am 22.5.1978 auszugsweise wiedergegebenen Artikel in der Tat zu der Feststellung gelangte: „Das Wort [Wiedervereinigung] ist inzwischen tabu. So ist die Teilung Deutschlands nicht nur zementiert, sondern dazu auch geheiligt worden und wird von den Deutschen immer mehr als unabänderlich, sogar als historische Tatsache, wenn nicht gar als Teil der natürlichen Ordnung angesehen.... In einem Zeitalter, da die Selbstbestimmung heiligstes Menschenrecht ist, auch für winzige Gebiete mit primitiven Einwohnern, erheben allein die Deutschen ihre Stimme nicht.... Sie sind daran gewöhnt, daß man sie wirtschaftliche Riesen, aber auch politische Zwerge nennt. Sie scheinen sich schließlich auch noch damit zufrieden zu geben, moraliche Parias zu sein."

Gäbe diese Charakterisierung wirklich die allgemeine deutsche Einstellung zutreffend wieder, so sähe ich keinen Anlaß mehr, mich eingehender über eine Frage zu äußern, die für das *ganze* Deutschland von grundlegender Bedeutung ist, nämlich über die Frage der Vereinbarkeit von westeuropäischer Integration und deutscher Wiedervereinigung. Denn einem Volke, das seine Vergangenheit für nichts achtet, ja, das sich (wie dies in dem Hinweis des FAZ-Artikels auf das Bismarck-Reich anklingt) von einem Abschnitt seiner Geschichte lossagen möchte, auf den stolz zu sein es allen Anlaß hätte, kann auch die Zukunft nicht gehören. Ich aber glaube, daß unser Volk in seiner Gesamtheit nicht so denkt, glaube, daß das Deutsche Reich, wie der ehemalige Bundesverfassungsrichter Fabian v. Schlabrendorf es einmal ausgedrückt hat, nicht tot ist, sondern nur schläft, und daß es an uns ist, das, wofür Generationen unseres Volkes gelitten und gestritten haben, in nicht zu ferner Zukunft geläutert und gestärkt zu neuer Entfaltung zu bringen.

III. Die westeuropäische Integration und ihr Einfluß auf das Anliegen der Wiedervereinigung Deutschlands

1. Die Argumente für die Integration

Im folgenden werde ich zunächst kurz auf die Gründe eingehen, die von den Befürwortern der Westintegration für diese geltend gemacht werden.

Es sind dies einmal Gründe, die auf das Anliegen der Wiedervereinigung keinerlei Bezug haben, indem sie sich entweder aus einem allgemeinen Solidaritätsbegriff „Europa", aus einem spezifisch europäischen Idealismus, herleiten, oder indem sie allein auf die Bundesrepublik zugeschnitten sind und die Tatsache, daß Deutschland nicht an der Zonengrenze endet, gänzlich ignorieren. Sodann sind es aber auch Gründe, die gerade auf das Anliegen der Wiedervereinigung abstellen und dartun sollen, daß der Weg über die zunächst anzustrebende Westintegration der Bundesrepublik nicht nur der beste und sicherste, sondern überhaupt der einzige Weg sei, auf dem die Einheit Deutschlands in Frieden und Freiheit wiederhergestellt werden könne.

a) Die überholte Form des Nationalstaats

Zur ersten Kategorie gehört u.a. die immer wieder gehörte Behauptung, die nationalstaatliche Struktur der europäischen Staaten sei heute überholt. Hier genügt schon ein Blick auf die Landkarte, um festzustellen, daß diese Behauptung keineswegs zutrifft, sie vielmehr reinem Wunschdenken entspricht. Alle größeren Staaten Europas, die in ihrer Geschichte überhaupt jemals Nationalstaaten waren, sind dies auch heute noch, so Frankreich, England, Italien, Spanien, um nur die wichtigsten zu nennen. Und wer sich von der Stärke des dort lebendigen Nationalgefühls überzeugen möchte, sollte nur einmal einer Parade zum 14. Juli auf den Champs-Elysées in Paris beiwohnen und von den Namen der dort vorbeidefilierenden Panzerwagen Kenntnis nehmen! Oder sich etwa auch die italienische Reaktion auf die Flucht Kapplers ins Gedächtnis zurückrufen!

Davon abgesehen: Die Idee der *Nation,* wie sie dem Nationalstaat zugrundeliegt, ist eine *europäische* Idee (Hölzle): „Mit Europa ist seine nationale Zertrennung, aber mit den Nationen ist Europa gegeben."[1] Und was noch bedeutsamer ist: In engstem Zusammenhang mit dieser Idee, in ihr wurzelnd und aus der Erwägung entstanden, daß die Nation ein naturgegebenes Recht darauf hat, in einem Staat, d.h. also im Nationalstaat, geeinigt zu sein, steht der Grundsatz des *Selbstbestimmungsrechts*[2]*,* derjenige Grundsatz, der für die Vertretung und Durchsetzung unseres gesamtdeutschen Anliegens die wichtigste, die entscheidende Grundlage bietet. Angesichts dieser Verknüpfung von Selbstbestimmungsrecht und Nationalstaat sollte nicht zweifelhaft sein: Wer den Nationalstaat als überholt beiseite legen will, mindert damit zwangsläufig die Chance, sich auf das Selbstbestimmungsrecht mit Aussicht auf Erfolg zu berufen. In der Tat wird man in unserem konkreten Falle sich schwerlich der Erkenntnis verschließen können, daß das Verlangen der Bundesrepublik nach Gewährung des Selbstbestimmungsrechts für ganz Deutschland an Glaubwürdigkeit und damit an politischem Gewicht empfindliche Einbuße erleiden muß, wenn sie, die Bundesrepublik, die den zahlenmäßig größten Teil der deutschen Nation umfaßt, bereit ist, ja danach drängt, sich einer aus anderen Nationen und Völkern gebildeten Majorität unterzuordnen und sich eben dadurch hinfort des Rechts auf Selbstbestimmung für diesen westlichen Teil unseres Vaterlandes und damit des Selbstbestimmungsrechts für ganz Deutschland zu begeben.

b) Die „eine Stimme" Europas

Um dann aber jedenfalls darzutun, daß die europäischen Staaten zumindest gut daran täten, auf ihre Souveränität zu verzichten, wird geltend gemacht, Europa könne sich heute nur behaupten und die ihm gebührende Rolle in der Weltpolitik spielen, wenn es vereinigt sei und mit *einer* Stimme spreche.

Zu diesem Argument sei vorweg bemerkt, daß es vom *deutschen* Standpunkt aus grundsätzlich nur unter der Voraussetzung Beachtung finden könnte und dürfte, daß die Schaffung eines Vereinigten Europas (d.h. in Wahrheit eben nur die eines Vereinigen *West*-Europas) die Wiedervereinigung Deutschlands nicht erschweren oder gar verhindern würde. Diese Forderung müßte im Grunde auch schon aus rein „europäischer" Sicht erhoben werden. Denn bei einem Westeuropa, das — integriert oder nicht integriert — endgültig an der Elbe an den kommunistischen Machtbereich angrenzte, erscheint es mehr als fraglich, ob es sich auf die Dauer gegenüber der sowjetischen Übermacht halten könnte. Mit Recht hat Carlo Schmid von einem solchen „Kleineuropa" einmal gesagt, es wäre „nichts anderes als ein abschnürbarer Zipfel einer kleinen Halbinsel des riesigen Kontinents Asien"[3]. Aber auch wenn man diesen Gesichtspunkt einmal außer acht läßt, ist es sehr die Frage, ob ein Zusammenschluß der westeuropäischen Staaten zu einer Union für den nichtkommunistischen Teil unseres Kontinents wirklich eine Stärkung bedeuten würde. Schon der Umstand, daß in Ländern wie Frankreich und Italien starke kommunistische Parteien bestehen, so daß Volksfrontentwicklungen nicht auszuschließen sind, sollte hier jedenfalls uns eher nachdenklich stimmen. Denn solche Entwicklungen wären für uns, die wir ihnen in der Bundesrepublik selbst unmittelbar nicht ausgesetzt sind, naturgemäß um so bedrohlicher, wenn sie sich in einem integrierten Westeuropa vollzögen, das auch über *unsere* Geschicke zu bestimmen hätte. In diesem Sinne hat denn auch der CSU-Vorsitzende Strauß, nach seinen eigenen Worten ein leidenschaftlicher Europäer und Gegner nationalstaatlichen Denkens, in einem von der „Welt" am 12. April 1977 veröffentlichten Interview erklärt, daß ein einer sozialistischen Zukunft zutreibendes Europa kein erstrebenswertes politisches Ziel mehr sei; ein sozialistisches Europa wäre, so erklärte er am 18. September desselben Jahres, „nicht mehr Europa, sondern eine sowjetische Satrapie" („Deutsche Tagespost" vom 20.9.1977). Schließlich scheint es mir aber auch ganz allgemein für die westeuropäischen Staaten keineswegs unbedingt förderlich zu sein, wenn man sie nötigen wollte, durch Aufgehen in einem supranationalen Westeuropa praktisch zu Provinzen degradiert zu werden, um sicherzustellen, daß dieses „Europa" mit *einer* Stimme spricht. Ist es nicht vielmehr gerade auch für diese Staaten in ihrer Gesamtheit ein Vorteil des jetzigen europäischen Staatensystems, daß in ihm jeder Staat die Freiheit hat, neben den Fragen, an deren einheitlicher Regelung in einem bestimmten Sinne ein allen gemeinsames Interesse besteht und über die mithin im allgemeinen unschwer eine Einigung erzielt werden kann, diejenigen Aufgaben nach eigenem Ermessen in die Hand zu nehmen, die sich aus der gerade in Europa so grundverschiedenen Eigenart, Lage und Geschichte dieser Staaten und ihren damit jeweils verbundenen besonderen Lebensbedingungen ergeben?

c) Wirtschaftliche und soziale Gründe

Schließlich werden in dieser Kategorie der Gründe für die Integration auch ihre volkswirtschaftlichen und sozialen Wohltaten für Westeuropa ins Feld geführt, wie die schon dank der EG zu verzeichnende Steigerung des Lebensstandards für alle seine Bürger und dergleichen mehr. In diesem Sinne hat z.B. der damalige Unionsabgeordnete und Abgeordnete im Europa-Parlament Dr. H.E. Jahn in einem Aufsatz im „Ostpreußenblatt" vom 2. Juli 1977 betont, es sei das Ziel der europäischen Einigungsbewegung, den gesellschaftlichen Fortschritt in ganz Europa zu fördern und die soziale Sicherheit zu festigen.

Auch für diesen Gesichtspunkt muß entsprechend gelten, was ich soeben betonte: Auch wirtschaftlicher Prosperität und sozialem Fortschritt darf, so erstrebenswert hier jede Steigerung auch immer ist, ein Einfluß auf die Bestimmung des politischen Weges, den wir in der Bundesrepublik zu gehen haben, nur dann eingeräumt werden, wenn durch die dafür gewünschte Einigung Westeuropas die Wiederherstellung der Einheit Deutschlands nicht gefährdet wird. Wenn irgendwo, so gilt es hier das Wort Stresemanns (21.9.1926 vor der deutschen Kolonie in Genf) zu beherzigen, das ganze deutsche Volk sollte einmütig sein in dem Gedanken, daß nicht das materielle Leben das Entscheidende ist, sondern die politische Ehre und Freiheit der Nation. Ein Wort, dem hier insofern noch erhöhte Bedeutung zukommt, als bei Unvereinbarkeit von Integration und Wiedervereinigung die angestrebte materielle Besserstellung von uns Deutschen lediglich den Bewohnern der Bundesrepublik zugute käme, wohingegen die Deutschen jenseits der Zonengrenze um eben jener, auf Westeuropa beschränkten wirtschaftlichen und sozialen Vorteile willen ihrem Schicksal überlassen blieben.

d) Unsere Zugehörigkeit zum Westen

Unter den Argumenten, die in Wahrheit allein auf die Bundesrepublik abstellen, ist zunächst der Gesichtspunkt zu nennen, daß wir nach unserer Vergangenheit und Einstellung in allen wesentlichen Lebensbereichen nun einmal zum Westen gehörten. Diesem Argument müssen wir, wie es seinerzeit schon Paul Sethe im Meinungsstreit über die einseitige Bindung der Bundesrepublik an den Westen getan hat, entgegenhalten: Wer ist „Wir"? Endet denn Deutschland an der Elbe? Gehören zu ihm nicht auch Rostock und Weimar, Dresden und Leipzig, Breslau und Königsberg (deren Zugehörigkeit zu Deutschland, entsprechend der Bundestagsresolution vom 17.5.1972 und dem Urteil des Bundesverfassungsgerichts vom 31.7.1973, durch die nur bei dieser Auslegung grundgesetzkonformen Ostverträge nicht in Frage gestellt werden konnte!)? Schon damit ist gesagt, daß wir Westdeutschen in der Bundesrepublik nur insoweit handeln dürfen, als dadurch unser nationales Anliegen, die Wiedervereinigung ganz Deutschlands, nicht beeinträchtigt oder auch nur gefährdet wird.

e) Unsere supranationale Tradition

Und das gleiche gilt für das weiter hier zu nennende Argument, gerade „wir Deutschen" seien auf Grund unserer langen übernationalen, universalen, europäischen Tradition, wie sie das römisch-deutsche Reich verkörpert habe, dazu berufen, uns in ein übernationales Westeuropa einzuordnen (so der hessische

CDU-Vorsitzende Dregger im „Rheinischen Merkur" vom 19.8.1977).

Hier erscheint schon die Berufung auf jene Tradition insofern wenig überzeugend, als die Führung des Reiches während der ganzen Zeit seines Bestehens stets bei den Deutschen lag. *Sie gaben dem Reich das Gepräge, nach ihnen hieß es das Heilige Römische Reich deutscher Nation.* In einem „Vereinigten (West-)Europa" würde den Deutschen eine demgegenüber grundverschiedene Stellung zufallen. Davon abgesehen, fragt es sich ferner, welchen spezifischen Wert wir jener Tradition in der deutschen Geschichte, namentlich während der letzten Jahrhunderte ihres Bestehens, überhaupt beimessen können.

Hierzu sei auf die Ausführungen in der Einleitung (S. 116) verwiesen. Welchen Standpunkt man hier aber auch immer einnehmen mag — als Argument für eine Aufgabe der Souveränität der Bundesrepublik dürfte auch jene Tradition nur dann mit in Erwägung gezogen werden, wenn jedenfalls das ganze Deutschland in das geplante integrierte Europa eintreten könnte. Es geht nicht an, eine Tradition, die das ganze Deutschland betraf, als Argument für die Gestaltung der Zukunft lediglich eines Teils von ihm ins Feld zu führen, ohne danach zu fragen, wie sich dies auf die Geschicke des übrigen und damit des ganzen Deutschlands auswirken würde. Zu welch verstiegenen Betrachtungen eine Argumentation führen kann, für die diese letztere Frage augenscheinlich völlig belanglos ist, zeigt der vorerwähnte Aufsatz im „Rheinischen Merkur" vom 19.8.1977. In ihm erklärt der Verfasser es für durchaus begreiflich, daß Franzosen und Briten — die beide nicht mit der Sorge einer Teilung ihres Landes beschwert sind — im Hinblick auf ihre zentralistische und nationalstaatliche Tradition derzeit nicht zur Aufgabe ihrer nationalen Souveränität bereit seien. Dagegen sieht er für die Bundesrepublik — den westlichen Teilstaat im gespaltenen Deutschland — in dieser Hinsicht keinerlei Bedenken; er befürchtet hier lediglich, wir Westdeutschen könnten vielleicht auf Grund unserer „Idealvorstellungen" von einem vereinigten Europa für den abweichenden französischen und britischen Standpunkt, den wir nun einmal in unsere politischen Überlegungen einbeziehen müßten, nicht das notwenige Verständnis aufbringen und insofern eine chauvinistische (!) Haltung an den Tag legen!

f) Schutz vor uns selbst

Schließlich lag der von Adenauer inaugurierten Integrationspolitik auch noch der Gedanke zugrunde, es sei notwendig, die Deutschen durch eine enge Bindung an den Westen künftig vor *sich selbst* zu schützen. Diese Einsicht habe Adenauer schon zu Beginn der Weimarer Zeit geäußert, heißt es in einer von der Bayerischen Landeszentrale für politische Bildungsarbeit im Jahre 1976 herausgegebenen Informationsschrift; sie sei dann auch Bestandteil der unverrückbaren Ziele des Kanzlers geworden.

Hierzu sei nur folgendes bemerkt: Wie immer man zu jener — zumindest ungewöhnlichen — Erwägung stehen mag, als Argument für eine Westintegration der Bundesrepublik könnte auch sie, wenn überhaupt, nur dann in Betracht kommen, wenn durch diese die Wiedervereinigung Deutschlands nicht unmöglich gemacht würde. Denn sonst würde ja der angeblich notwendige Schutz der Deutschen, in Wahrheit der Westdeutschen, „vor sich selbst" damit erkauft, daß die Deutschen jenseits der Zonengrenze ein für allemal *schutzlos* der Willkürherrschaft des dortigen SED-Regimes überlassen blieben! — Gleichwohl hat sich die Europapolitik der Bundesrepublik allem Anschein nach in der Vergangenheit gerade auch von diesem Argument leiten lassen, also von einer Überlegung, nach der das deutsche Volk als politisch unmündig gewissermaßen unter Kuratel gestellt werden muß. So sah sich jedenfalls nach einem Zitat in der „Welt" vom 6.6.1975 der britische Unterhausabgeordnete Enoch Powell zu der Feststellung veranlaßt: „Die Westdeutschen machen gar kein Geheimnis daraus, daß sie nicht nur keine unabhängige Nation sein möchten, sondern daß sie sich geradezu davor fürchten. Die Europäische Gemeinschaft ist für sie eine Versicherung gegen sich selbst"!

2. Die Vereinbarkeit von Integration und Wiedervereinigung in der Sicht der Regierungen Adenauer

Somit ist die Frage, ob die von uns angestrebte europäische Integration, genauer gesagt die Eingliederung der Bundesrepublik in eine übernationale, mit eigenen Souveränitätsrechten ausgestattete westeuropäische Union, mit dem Anliegen der Wiedervereinigung Deutschlands vereinbar ist, für die deutsche Politik in der Tat von entscheidender Bedeutung. Zu dieser Frage hat der ehemalige Bundesaußenminister v. Brentano in einer Regierungserklärung am 31. Januar 1957 folgendes festgestellt: „Mit aller Klarheit möchte ich betonen, daß nach der Überzeugung der Bundesregierung diese Politik" — gemeint war die der westeuropäischen Integration —" einer erfolgreichen Bemühung um die Wiedervereinigung nicht im Wege steht, sondern sie fördert." Diese These gründete sich, wie eine Vielzahl von Äußerungen aus dem damaligen Regierungslager sowie von Exponenten der ihm zuzurechnenden Parteien ergibt, im einzelnen auf folgende Erwägungen:

a) Die Wiedervereinigung Deutschlands könne — so argumentierte man — nur herbeigeführt werden, wenn sie nicht allein ein nationales deutsches, sondern zugleich ein Anliegen ganz Europas, ja, eine Verpflichtung der ganzen freien Welt darstelle. Die volle Identifizierung des Westens mit der Politik der Wiedervereinigung sei aber nur dann zu erreichen, wenn die Bundesregierung konsequent eine Politik der Zusammenarbeit und der Integration mit dem Westen führe und dadurch das Vertrauen des Westens gewinne.

b) Ein solcher europäischer Zusammenschluß biete andererseits auch die beste Aussicht dafür, daß sich die Sowjetunion zu einem Entgegenkommen in der Deutschlandfrage bereitfinden werde. Denn wenn sie sich einmal davon überzeugt haben werde, daß die wirtschaftliche und politische Einigung Europas eine nicht mehr rückgängig zu machende Tatsache sei, werde sie schon im eigenen Interesse mit diesem geeinten Europa einen Ausgleich zu erzielen trachten (v. Brentano in einem Interview mit der „Deutschen Welle" am 8.1.1963). Ein vereintes Europa werde — diese Erwägung war hier gleichfalls mit im Spiel — dann für die Sowjetunion zugleich der Garant dafür sein, daß von einem in ihm eingebetteten Gesamtdeutschland keinerlei Gefahr für den Frieden zu besorgen sei.

c) Ergänzend neben die beiden letzten Erwägungen trat als weiteres, drittes Argument die Überlegung, das „Vereinigte Europa" werde auf die Bevölkerung in der sowjetisch besetzten Zone eine solche Anziehungskraft ausüben, daß sich die Sowjetunion auch aus diesem Grunde wohl oder übel zur Freigabe ihrer Zone, d.h. also zur Zustimmung zur Wiedervereinigung, verstehen müsse.

d) Schließlich wurde die Notwendigkeit der Westintegration als einer Vorbedingung für die Wiedervereinigung Deutschlands auch ganz allgemein mit dem Hinweis begründet, in die Wiedervereinigung müsse eine Neugestaltung unseres Verhältnisses zu den osteuropäischen Nachbarländern einbegriffen sein. Dies könne, so meinte man, nur „europäisch" und nicht im Rahmen des Nationalstaats geschehen.

3. Die angestrebte Westintegration der Bundesrepublik — ein in Wahrheit unüberwindliches Hindernis für die Wiedervereinigung

Soweit also die hauptsächlichen Argumente, mit denen die Regierung Adenauer und die sie tragenden Parteien die These zu rechtfertigen suchten, die Wiedervereinigung Deutschlands in Freiheit könne nur auf dem Wege über die Westintegration der Bundesrepublik erreicht werden. Man wird ihnen gerne zubilligen, daß sie jene These auf den ersten Blick vielleicht als ein ebenso einfaches wie erfolgverheißendes Rezept erscheinen lassen konnten. Denn in dem offensichtlich so harmonischen Zusammenstimmen der hier vorgezeichneten Auswirkungen der Westintegration auf die Haltung der Westmächte wie der Sowjetunion schien es ja in der Tat zu dem zu führen, was der CDU-Abgeordnete Gerstenmaier am 7.10.1954 im Deutschen Bundestag als Ziel der Integrationspolitik mit der Losung gekennzeichnet hatte: „Das vereinigte Deutschland im geeinten Europa."

In Wahrheit fand und findet jedoch jener Gedankengang in der politischen Wirklichkeit keine Stütze. Sie steht ihm eindeutig entgegen, und zwar aus folgenden Gründen:

a) Die Interessenlage der Sowjetunion

aa) Stärkung des Westens auf Kosten der Sowjetunion

Die Sowjetunion liebt nicht die Zusammenballung politischer Macht außerhalb ihres Imperiums. Deshalb wäre ihr die Zusammenfassung einer Reihe der bisherigen europäischen Einzelstaaten zu einem großen westeuropäischen Bundesstaat unter diesem Gesichtspunkt, ich betone: unter *diesem* Gesichtspunkt, sicherlich unerwünscht. Sie würde einen solchen westeuropäischen Bundesstaat andererseits aber auch nicht fürchten, jedenfalls nicht in dem Maße, daß sie nach seiner Errichtung bereit sein könnte, noch so dringend vorgetragenen westlichen Wünschen nach Zustimmung zur Wiedervereinigung Deutschlands im westlichen Sinne nachzugeben und damit zwangsläufig jenen ihr ungenehmen Zusammenschluß durch Freigabe des von ihr beherrschten Teils Deutschlands noch zusätzlich zu stärken. Der unter den verschiedenen Argumenten für die Integration bereits erwähnte Gedanke, die Sowjetunion werde schon im eigenen Interesse mit einem geeinten (West-)Europa einen Ausgleich zu erreichen trachten und sich deshalb mit einem darin gewissermaßen eingebetteten Gesamtdeutschland einverstanden erklären, war und bleibt daher eine trügerische Hoffnung. Er läßt außer acht, daß die Sowjetunion selbst, solange ihre Staatsdoktrin der Marxismus-Leninismus ist, einem solchen Vereinigten Europa niemals angehören, es vielmehr stets, trotz aller sogenannten „Entspannung", als gegnerischen Zusammenschluß betrachten würde.

Daran, daß die Sowjetunion ihre Interessenlage von jeher so und nicht anders gesehen hat, konnte im Grunde schon nach ihrem Verhalten in der Deutschlandfrage in den Jahren 1952-55 kein Zweifel bestehen. Hatte sie damals — wie unbestritten ist — schon ein dringendes Bedürfnis empfunden, den Beitritt allein der Bundesrepublik zum westlichen Bündnis nicht zustande kommen zu lassen, so war es schlechterdings unvorstellbar, wie sie sich jemals dazu würde bereit finden können, der Wiedervereinigung zuzustimmen, wenn als Folge ihrer Zustimmung das *ganze Deutschland* in den Westen integriert, also in letztlich sogar noch festerer Form als der eines Bündnisses mit ihm verbunden werden sollte.

bb) Die „Österreich-Lösung"

Die hier gekennzeichnete, aus ihrer eigenen Sicht hergeleitete Interessenlage der Sowjetunion ließ und läßt es sodann aber auch als ausgeschlossen erscheinen, daß die Sowjetunion auch nur einer „Österreich-Lösung" für die sogenannte „DDR", also deren Neutralisierung, zustimmen könnte, falls einmal die Bundesrepublik in einer westeuropäischen Union voll integriert sein sollte. Denn dann stünde ja die Konstellation, in der die Sowjetunion bereits im Jahre 1958 einem entsprechenden Vorschlag Adenauers ihr Placet verweigerte, nämlich die Zugehörigkeit der Bundesrepublik zum westlichen Bündnis, unwiderruflich und in sogar noch verstärkter Form fest. Daß sich die Sowjetunion angesichts jener Konstellation nicht zur Annahme des Adenauerschen Vorschlags bereit fand, konnte bei nüchterner Beurteilung seiner Tragweite schon damals nicht überraschen. Ein neutraler Status nur für Mitteldeutschland, der diesem erlaubte, über seine Angelegenheiten in analoger Weise wie Österreich über die seinen zu bestimmen, würde für die *Sowjetunion* die Freigabe der Zone aus ihrem Machtbereich mit allen sich daraus in politischer, militärischer, wirtschaftlicher und nicht zuletzt ideologischer Hinsicht ergebenden Folgerungen bedeuten. Diesem Positionsverlust der Sowjetunion stünde auf der *westlichen* Seite keinerlei Einbuße als Ausgleich gegenüber. Denn hier würde sich ja an der Zugehörigkeit der Bundesrepublik zum Westen nichts ändern, diesem aber darüber hinaus hinfort auch noch Mitteldeutschland jedenfalls gesinnungsmäßig zuzurechnen sein. Ein mit der „Österreich-Lösung" etwa verbundener ausdrücklicher Verzicht der Bundesrepublik auf künftige Wiedervereinigung — der überdies in eindeutigem Wiederspruch zum Grundgesetz und seiner Präambel stünde — wäre in den Augen der Sowjetunion schon deshalb kein Äquivalent, weil die Wiedervereinigung Deutschlands ohnehin nur mit ihrer Zustimmung herbeigeführt werden kann. Auch die „Österreich-Lösung" würde sonach bei im übrigen unverändertem Status quo im Ergebnis auf eine einseitige Machtverschiebung in Mitteleuropa zum Nachteil der Sowjetunion hinauslaufen. Zu einer solchen würde diese schon wegen der Rückwirkungen auf den gesamten Ostblock niemals ihre Hand bieten.

Allgemein möchte ich den vorangegangenen Ausführungen über die zu erwartende sowjetische Reaktion auf eine Westintegration noch zwei weitere Überlegungen hinzufügen:

cc) Das expansionistisch-ideologische Moment

Die Befürworter der Integration als einer Vorstufe zur Wiedervereinigung haben, wie schon erwähnt, zur Stützung ihrer These unter anderem das Argument vorgebracht, die Einbettung der Bundesrepublik — und ebenso die eines wiedervereinigten Deutschlands — in ein integriertes Westeuropa werde für die Sowjetunion die beste Sicherheitsgarantie gegenüber den von ihr besorgten spezifischen Gefahren des angeblichen deutschen „Revanchismus" sein und sie daher, gegebenenfalls verbunden mit weiteren Garantien, auch unter diesem Gesichtspunkt zum Einlenken geneigt machen können; denn mit der Integration werde ja jeglichen „Revanche"-Bestrebungen der Deutschen die Möglichkeit der Realisierung genommen. Diese Erwägung berücksichtigt nicht, daß für die sowjetische Deutschlandpolitik neben dem Moment des Sicherheitsbedürfnisses als zweites, nicht minder wichtiges Motiv das expansionstisch- ideologische Moment bestimmend ist, das „J'y suis, j'y reste" — hier bin ich, hier bleibe ich! Schon aus diesem Grunde könnte deshalb aus jener Überlegung, auch wenn man sie einmal als in sowjetischer Sicht bedeutsam und nicht von den bereits erörterten anderen Erwägungen überlagert unterstellen wollte, nicht gefolgert werden, die Sowjetunion werde sich gegenüber einer integrierten Bundesrepublik oder gar durch die Aussicht auf ein demnächst in Westeruopa zu integrierendes Gesamtdeutschland zum Einlenken in der Deutschlandfrage bewegen lassen. Vielmehr würde nach einer Befriedigung ihres Sicherheitsbedürfnisses das vorgenannte zweite Motiv, das expansionistische Moment, nur um so unnachgiebiger auf den Plan treten. Sodann möchte ich noch folgendes zu bedenken geben:

dd) Die politische Verfestigung der Teilung

Die sowjetische Führung ist sich natürlich voll und ganz dessen bewußt, daß die nach dem Kriege willkürlich herbeigeführte Teilung Deutschlands eine fortdauernde Mißachtung des Selbstbestimmungsrechts des deutschen Volkes bedeutet und daß sie diesen widernatürlichen Zustand nur mit Hilfe ihrer Besatzungstruppen in Mitteldeutschland und des ihr hörigen SED-Regimes aufrecht erhalten kann. In dieser Lage muß ihr grunsätzlich jede Entwicklung erwünscht sein, welche verspricht, zwischen den getrennten Teilen Deutschlands zusätzliche Schranken zu errichten und ihr selbst dadurch die Last der gewaltsamen Aufrechterhaltung der deutschen Teilung jedenfalls zu einem Teil abzunehmen. Talleyrand hat bekanntlich gesagt, daß man mit Bayonetten alles machen, nur nicht auf die Dauer auf ihnen sitzen kann! So war in der Tat bereits bemerkenswert, daß z.B. Chruschtschow während des Besuches Adenauers in Moskau im September 1955 keine Bedenken mehr gegen die weitere NATO-Zugehörigkeit der Bundesrepublik erhob, gegen die sich die Sowjetunion zuvor so heftig gewandt hatte. Und ähnlich ist dann in der Folge auch die Mitgliedschaft der Bundesrepublik in der EG zu keiner Zeit Gegenstand der sonst üblichen vehementen sowjetischen Attacken gewesen. Unter diesen Umständen unterliegt es nach meiner

Überzeugung keinem Zweifel, daß die Sowjetunion in dem Aufgehen der Bundesrepublik in einer mit eigenen Souveränitätsrechten ausgestatteten „Europäischen Union" nicht nur, wie schon dargetan, keinen Beweggrund für ein Einlenken in der Deutschlandfrage, sondern im Gegenteil, ungeachtet aller sonst bestehenden Vorbehalte gegen einen derartigen westlichen Zusammenschluß, eine willkommene, sie selbst entlastende Verfestigung der deutschen Teilung erblicken würde. Denn je enger die Verflechtung der beiden getrennten Teile mit den Systemen, denen sie jeweils angehören, umso stärker die Absicherung der Trennung als solcher. Eine derartige Entwicklung würde darüber hinaus aller Voraussicht nach den sowjetischen Wünschen auch noch in anderer Hinsicht entgegenkommen. Hierauf werde ich an späterer Stelle noch zu sprechen kommen (vgl. unten f.).

Zusammenfassend erweist sich hiernach schon auf Grund der sowjetischen Interessenlage die These als irrig, die Westintegration der Bundesrepublik werde uns die Möglichkeit geben, ja, sie sei dazu der einzige Weg, die Wiedervereinigung Deutschlands in Frieden und Freiheit voranzutreiben und nach zunächst hinzunehmender Spaltung von einer gestärkten Position des Westens aus Mitteldeutschland zurückzugewinnen. Sie müßte im Gegenteil, da eine einmal vollzogene Integration von uns zumindest faktisch nicht mehr rückgängig gemacht werden könnte, im Endergebnis zur Verewigung der deutschen Teilung führen.

b) Die Haltung des Westens

Ich wende mich nun dem nächsten Gesichtspunkt zu, unter dem die Westintegration der Bundesrepublik der Wiedervereinigung Deutschlands entgegensteht, nämlich der Haltung, die die Westmächte gegenüber unserem nationalen Anliegen einnehmen.

Was diese Haltung anlangt, so war es in Wahrheit von Anfang an keineswegs sicher, ja angesichts unseres ständig wachsenden Wirtschaftspotentials eher unwahrscheinlich, daß unsere westlichen Verbündeten nach Vollendung der Westintegration der Bundesrepublik Deutschland an ihrer uns zugesagten Bereitschaft, für die Wiedervereinigung einzutreten, mit mehr als bloßen Lippenbekenntnissen festhalten würden. Für Frankreich hatte ja schon der zunächst gehegten Absicht, das Saargebiet vom Westen des Reichs loszulösen, die Erwägung zugrunde gelegen, daß eine um dieses vergrößerte Bundesrepublik ein unliebsamer Rivale auf wirtschaftlichem Gebiet werden könnte. Diese Befürchtung läge für ein wiedervereinigtes Deutschland naturgemäß erst recht nahe — von den deutschen Ostgebieten ganz zu schweigen! Wären wir aber einmal nurmehr ein Land in einem europäischen Bundesstaat — wie heute etwa ein Bundesland in der Bundesrepublik —, so wären wir in unseren nationalen Anliegen, wenn nicht schon rechtlich, so doch jedenfalls praktisch vom Votum der Majorität abhängig und von jedem selbständigen Schritt ausgeschlossen. Die oft angestellte und auch von der Bundesregierung in früheren Jahren sinngemäß ins Feld geführte Erwägung, durch die Integrationspolitik der Bundesrepublik werde das Gewicht des deutschen Eintretens für die Wiedervereinigung gewissermaßen vervielfacht, weil diese Politik, und nur sie, die unerläßliche Identifizierung des Westens mit dem deutschen Streben nach Wiedervereinigung als einem nunmehr von ganz Europa vertretenen Anliegen gewährleiste, diese Erwägung fand mithin in den realen Gegebenheiten zu keiner Zeit eine Grundlage. Vielmehr mußte das gerade Gegenteil einer solchen uns günstigen Auswirkung die notwendige Folge sein.

Wer das bezweifelt, braucht sich nur die Genugtuung ins Gedächtnis zu rufen, mit der unsere westlichen Verbündeten den Abschluß der Ostverträge begrüßt haben. Erinnert sei hier nur an den Ausspruch des früheren dänischen Ministerpräsidenten Kampmann am 8. Dezember 1972: „In Dänemark hat man gerne zwei deutsche Staaten, wenn möglich noch mehr"! Und was die Einstellung Frankreichs anlangt, so kennzeichnete ein Pariser Korrespondentenbericht des Züricher Blattes „Die Tat" vom Mai 1970 die Vorstellung einer Wiedervereinigung Deutschlands als ein in Frankreich umgehendes Schreckgespenst; eine Charakterisierung, der im August 1973 die „Basler Nationalzeitung" mit der Feststellung folgte: „ ... für die Franzosen bleibt die Möglichkeit einer Wiedervereinigung der beiden Deutschland das Schlimmste, was außer einem Krieg passieren könnte." Dasselbe hatte schon im Juni 1964 der Historiker Golo Mann in taktvoller Umschreibung mit den Worten ausgedrückt: „Das Geheimnis der deutsch-französischen Freundschaft ist die Teilung Deutschlands." Und eben diese Teilung hatte denn auch bereits in ihrem Leitartikel vom 23. Januar 1962 die französiche Zeitung „Le Monde" als die Grundlage des Gleichgewichts des Europas der Sechs bezeichnet. Daß dies keineswegs nur die Einstellung des nicht amtlichen Frankreichs ist, zeigte, wenn es noch eines Beweises bedurfte, ein am 6. August 1975 in demselben Blatt veröffentlichter Artikel des ehemaligen gaullistischen Ministerpräsidenten Debré. In ihm stellte dieser zum Verhältnis seines Landes zu Deutschland u.a. fest: „Gewiß ist beiden die Hoffnung auf Sicherheit und Frieden in Europa gemeinsam ... Aber unsere Hoffnung ist für lange Zeit darauf gerichtet, den jetzigen Zustand Europas aufrecht zu erhalten und dauerhaft zu gestalten, während die deutsche Hoffnung auf seine Änderung abzielt. Die Teilung der beiden Deutschland erbittert die Deutschen. Das Streben nach Wiedervereinigung der beiden deutschen Staaten oder auch nur eine wirkliche Annäherung zwischen ihnen ängstigt dagegen zutiefst die Europäer und besonders uns, die Franzosen." Und was die Einstellung de Gaulle's selbst anlangt, so berichtet der frühere französische Militärgouverneur von Berlin, General Binoche, de Gaulle habe ihm, als einmal die Rede auf die Möglichkeit einer Wiedervereinigung Deutschlands gekommen sei, humorvoll mit einem Augenzwinkern gesagt: „Ich wache darüber, daß Ihnen das nicht den Schlaf raubt!" Nicht anders denkt auch der jetzige französiche Staatspräsident Mitterand. Er erklärte in einem Interview mit der Zeitung „Le Monde" am 1.6.1979, er halte die Wiedervereinigung Deutschlands weder für wünschenswert noch für möglich. Er fügte dieser Erklärung dann jedoch den vielsagenden Satz hinzu — einen Satz, der darauf hindeutet, daß er die Möglichkeit einer Wiedervereinigung im Grunde eben doch nicht ausschließt —: „Die Wiedervereinigung wird gleichwohl jedesmal, wenn ein destabilisierendes Ereignis eintritt — und wie sollten solche Ereignisse ausbleiben? —, als überaus hoher Einsatz auf dem Spiele stehen, als Einsatz für Rußland wie auch für die Vereinigten Staaten von Amerika, als Einsatz mithin im Spiel um Frieden und Krieg." Erinnert nicht diese Befürchtung Mitterands an eine Überlegung, die — vom entgegengesetzten Interessenstandpunkt aus — Bismarck als Bundestagsgesandter in Frankfurt im Februar 1854 in die Worte faßte: „Die großen Krisen bilden das Wetter, welches Preußens Wachstum fördert, indem sie furchtlos, vielleicht auch sehr rücksichtslos von uns benutzt wurden."? Daß sich an der Einstellung Mitterands Deutschland gegenüber nach seiner Amtsübernahme nichts geändert hat, zeigt allein schon die Tatsache, daß unter seiner Präsidentschaft der 8. Mai, unter Giscard d'Estaing zuletzt nur ein einfacher Gedenktag an die Kapitulation der deutschen Wehrmacht 1945, wieder gesetzlicher Feiertag wurde. Nicht anders, als dies der 11. November, der als Waffenstillstandstag die Erinnerung an die deutsche Niederlage im Ersten Weltkrieg wachhält, seit eh und je ist.

So konnte der französische Politologe Alfred Grosser im Dezember 1979 den tatsächlichen Stand der Dinge treffend mit der sarkastischen Feststellung kennzeichnen: „Die westlichen Verbündeten wollen die deutsche Einheit nur, solange sie unmöglich ist." Eine Feststellung, deren Richtigkeit der französiche Außenhandelsminister, frühere Außenminister Jobert am 23. Dezember 1981 mit seiner Äußerung unterstrich: „Die Berufung des deutschen Volkes besteht darin, sich eines Tages, vielleicht in ein-, zweitausend Jahren, wiedervereint zu sehen" („Die Welt" vom 14.1.1982).

Wie schon diese wenigen Zeugnisse zeigen, konnten und können sich die Befürworter der Integration für ihre These auch nicht darauf berufen, daß die Wiedervereinigung Deutschlands bei objektiver Würdigung der europäischen Interessenlage nicht allein im deutschen, sondern im Interesse des gesamten freien Europas liegt. Denn so richtig diese Überlegung unzweifelhaft ist, so unbestreitbar ist eben auf der anderen Seite, daß unsere westeuropäischen Verbündeten nicht bereit sind, ein derartiges Interesse von sich aus zur Richtschnur ihres Handelns zu machen. Und Entsprechendes gilt für die ebenfalls unzweifelhaft zutreffende Erwägung, daß die Wiedervereinigung ihrer Natur nach eine Frage von Freiheit und Selbstbestimmung, unser Recht darauf somit kein spezifisch deutsches, sondern in seinem Kern ein universales Menschenrecht ist. Denn wie hoch auch immer die Bedeutung ist, die westliche Politiker in ihren öffentlichen Erklärungen Menschenrecht und Freiheit beimessen — eine Bereitschaft, sich von diesen ethischen Geboten auch in ihrer Politik gegenüber dem geteilten Deutschland leiten zu lassen, ist bei niemandem von ihnen festzustellen. Jene Argumente lassen außer acht, daß die Haltung eines Landes in wichtigen außenpolitischen Fragen keineswegs immer seinen eigenen wohlverstandenen Interessen entspricht oder gar in Überlegungen moralisch-ethischer Natur ihren Grund findet; daß sie sich vielmehr weitgehend von der Rücksichtnahme auf die öffentliche Meinung bestimmen läßt, zumal wenn sich diese auf überlieferte, eingefleischte Vorurteile gründet. Zu ihr wollen sich die Regierungen, sofern sie nicht ohnehin aus eigener, gefühlsbetonter Einstellung mit ihr konform gehen, jedenfalls aus innenpolitischen Gründen nach Möglichkeit nicht in Widerspruch setzen. Daß dies in besonderem Maße für ein Land wie Frankreich gilt, dessen Politik Deutschland gegenüber seit dreieinhalb Jahrhunderten von Richelieu'schem Denken geprägt ist, kann nicht zweifelhaft sein.[4] Sein gutes Verhältnis zur Bundesrepublik, dem westdeutschen *Teilstaat,* widerspricht nicht dieser Feststellung — es bestätigt sie.

c) Der Plan des „größeren Europa"

Nun ist allerdings in früheren Jahren, beginnend etwa um die Mitte der 60er Jahre, von namhaften deutschen Politikern die Ansicht vertreten worden, es werde möglich sein, die Bedenken unserer Nachbarn — der westlichen wie der östlichen — gegen die Wiedervereinigung Deutschlands durch eine Ausweitung des Europagedankens und damit der europäischen Sicherheit zu beheben. Das könne geschehen, indem man das wiedervereinigte Deutschland in ein größeres Europa einbaue, zu dem auch die ost- und südosteuropäischen Staaten und Völker gehörten (Bundesminister Mende am 30.1.1965, Bulletin S. 155/56). Dieses Rezept — das mit seinem Hinweis auf die Bedenken unserer westlichen Nachbarn kaum noch die zunächst so nachdrücklich vertretene These von der Rolle der Integration als Multiplikator des deutschen Eintretens für die Wiedervereinigung erkennen läßt — mag auf den ersten Blick manchem bestechend erscheinen. Es läßt jedoch schon die Frage unbeantwortet, welches Maß von Gemeinsamkeit einem solchen „größeren Europa" überhaupt eigen sein könnte, das gleichermaßen die Sowjetunion und die anderen kommunistisch regierten Staaten des Ostblocks wie die europäischen Staaten der freien Welt umfassen würde. Aber auch hiervon abgesehen bietet das genannte Rezept keine praktische Lösung. Denn auch ein einmal zu unterstellendes „größeres Europa", das sich mithin von dem heutigen nennenswert unterschiede, könnte nach dem, was ich zur grundsätzlichen Haltung der Sowjetunion ausgeführt habe, diese nicht dazu veranlassen, der Wiedervereinigung zuzustimmen, solange in ihm die bisherigen Bündnissysteme fortbestehen und daran gedacht ist, das wiedervereinigte Deutschland oder auch nur die

Bundesrepublik dem NATO-Bündnis anzuschließen bzw. in ihm zu belassen. Das aber bedeutet wiederum, daß erst recht jegliche Absicht der Einordnung Gesamtdeutschlands oder auch nur der Bundesrepublik in eine übernationale (west)europäische Union dem Ziel der Wiedervereinigung auch in einem „größeren Europa" strikt entgegenstehen würde.

d) Der Plan einer „Geamteuropäischen Konföderation"

Lag dem im vorstehenden Absatz erörterten Rezept eines „größeren Europa" noch der Wunsch zugrunde, zu einer echten Wiedervereinigung Deutschlands zu gelangen, so ließ sich dies von Überlegungen, wie sie danach in der zweiten Hälfte der 60er Jahre über eine „Europäisierung" der deutschen Frage aufkamen, nicht mehr sagen. So vertrat z.B. der (zur SPD übergewechselte) frühere außenpolitische Berater der CSU Dr. Bloemer im „Vorwärts" vom 25.9.1969 den Standpunkt, man solle der Wiedervereinigung auf der Basis „europäischer Solidarität" näher zu kommen suchen. In diesem Sinne müsse, so empfahl er, nicht nur die Bundesrepublik, sondern auch der „zweite deutsche Staat" in einen „langdauernden Prozeß der Annäherung und strukturellen Verknüpfung der durch macht- und systempolitische Gegensätze getrennten Kontinentsteile einbezogen" werden. Ähnliche Überlegungen, so berichtete er, seien auch schon von der CSU-Landesgruppe im Bundestag angestellt worden; ihr Vorstand habe sich einmal in einem — in Abwesenheit des CSU-Vorsitzenden Strauß gefaßten — Beschluß ausdrücklich für den Vorschlag ausgesprochen: „Eine politische Union Westeuropas als Ausgangspunkt für eine übergreifende europäische Struktur im Sinne einer gesamteuropäischen Konföderation zur Selbstbehauptung aller Völker dieses Kontinents."

Mit Gedankengängen dieser Art wird das Anliegen der deutschen Wiedervereinigung praktisch aufgegeben: Westdeutschland, die Bundesrepublik, würde in der geplanten westeuropäischen Union aufgehen, Mitteldeutschland dagegen, die sogenannte „DDR", allein schon aus diesem Grunde endgültig im Ostblock verbleiben. Mit der auf dieser Grundlage vorgesehenen „Europäisierung" selbst aber, einer „Lösung" der Deutschlandfrage, die sich darin erschöpfte, daß die beiden Gruppierungen „Westeuropa" und „Ostblock" in einer „gesamteuropäischen Konföderation" miteinander „verbunden" sein würden, wäre niemanden geholfen. Die Deutschen zu beiden Seiten der Zonengrenze blieben weiterhin durch Metallgitterzaun und Schießbefehl voneinander getrennt und abgeschlossen, die „Annäherung", die ihnen durch das gemeinsame „Dach" der Konföderation beschert würde, stünde auf keiner höheren Stufe als diejenige, welche etwa Dänen und Niederländern im wechselseitigen Verhältnis zu Rumänen und Bulgaren zuteil würde. Diese „Lösung" wäre somit in jeder Hinsicht, auch vom rein menschlichen Standpunkt aus, schlimmer als die einstweilige Fortdauer des bisherigen Zustandes: sie könnte uns Westdeutsche zu der bequemen Selbsttäuschung verleiten, anzunehmen, daß sich das Los unserer Landsleute in Mitteldeutschland gebessert habe und daß wir ihnen gegenüber damit unsere Schuldigkeit getan hätten; diese selbst aber — darüber kann keine noch so wohlklingende Formel hinwegtäuschen — blieben endgültig ihrem Schicksal überlassen, Deutschland und die Deutschen endgültig geteilt.

e) Der Verlust des außenpolitischen Handlungsspielraumes

Ich komme nun zu einem weiteren Gesichtspunkt, unter dem sich die angestrebte Westintegration der Bundesrepublik als Hindernis für das deutsche Wiedervereinigungsanliegen erweist. Es ist der folgende: Ein wesentlicher Grund für die zunächst positive Einstellung der Westmächte zur Wiedervereinigung Deutschlands war nach dem Kriege die Befürchtung, die Bundesrepublik könne bei einem Stillstand in der deutschen Frage versucht sein, ihr Heil in einem Arrangement mit der Sowjetunion nach dem Vorbild der Verträge des Deutschen Reiches in der Weimarer Zeit — Rapallo-Vertrag 1922, Berliner Vertrag 1926 — zu suchen. Die französische Zeitung „Le Monde" hatte in diesem Zusammenhang in ihrem bereits erwähnten Leitartikel vom 23. Januar 1962 wieder vom „Mythos" von Rapallo gesprochen, der Europa schon 15 Jahre lang verfolgt und die Westmächte zu dem äußersten Entgegenkommen uns gegenüber veranlaßt habe. Die unseren Interessen so förderliche Funktion dieses im Westen — auch heute noch — latent vorhandenen „Rapallo-Komplexes" müßte aber entfallen, wenn die Bundesrepublik durch Aufgehen in einer westeuropäischen Union die jedenfalls theoretisch bestehende Möglichkeit einer engeren Anlehnung an die östliche Seite oder auch nur eines selbständigen Verhandelns mit ihr verlöre. Ja, schon das Streben allein nach solch endgültig einseitiger Bindung an den Westen konnte und kann unter jenem Gesichtspunkt unserem Anliegen nur abträglich sein: „Man kann nicht Schach spielen", schrieb Bismarck 1860 an Leopold v. Gerlach, der Frankreich aus den möglichen Kombinationen der preußischen Politik gänzlich ausgeklammert sehen wollte, „wenn einem 16 Felder von 64 von Hause aus verboten sind." Der mit diesem Wort angesprochenen Gefahr eines Verlustes der außenpolitischen Manövrierfähigkeit kommt in unserer Lage eine um so größere Bedeutung zu, als wir uns, wie oben unter b) dargelegt, keineswegs der Illusion hingeben dürfen, unser nationales Anliegen sei in den besorgten Händen der Westmächte so gut aufgehoben, daß wir auf jede eigenständige Wahrnehmung unserer Interesssen getrost verzichten könnten.

f) Die Verfestigung des östlichen Zusammenschlusses unter der Hegemonie der Sowjetunion

Ein schwerwiegendes Argument gegen die angestrebte Westintegration der Bundesrepublik ergibt sich schließlich auch aus folgender Überlegung:

Die Vergangenheit hat gezeigt, daß jeder Schritt in Richtung Integration im Westen die Gefahr in sich birgt, einen entsprechenden Schritt im Osten auszulösen und damit ein späteres Zusammenfinden der getrennten Teile Deutschlands — und den überzeugten Befürwortern der „europäischen Einigung" sei es gesagt, auch Europas — zusätzlich zu erschweren. Erinnert sei hier nur an folgende früheren Beispiele eines solchen „Nachziehens" der östlichen Seite: DM-West — DM-Ost; Bundesrepublik Deutschland — „DDR"; NATO — Warschauer Pakt (dieser kam erst am 14. Mai 1955 in unmittelbarer Folge des mit dem Inkrafttreten der Pariser Verträge am 5. Mai 1955 wirksam gewordenen NATO-Beitritts der Bundesrepublik zustande). Die Errichtung einer übernationalen, souveränen westeuropäischen Union könnte daher — und nach meiner Überzeugung würde sie das in der Tat — für die Sowjetunion ein Ansporn sein, die Staaten des Ostblocks noch fester als bisher an sich zu binden und letztlich die Schaffung eines den gesamten Ostblock zusammenfassenden sozialistischen Bundesstaats unter ihrer Führung als politisches Ziel anzustreben. Daß ein solcher Gedanke sich in das sowjetische Konzept unschwer einfügen würde, ließ schon die Breschnew-Doktrin erkennen. Ebenso konnte der Freundschaftsvertrag Ostberlins mit Moskau vom 7.10.1975 Befürchtungen dieser Art nahelegen: hier wurden in einem bilateralen Vertrag nachdrücklich die „Grundinteressen der gesamten sozialistischen Staatengemeinschaft" und das Ziel der „weiteren Annäherung der sozialistischen Nationen" herausgestellt, wurde darüber hinaus die Verpflichtung beider Seiten festgelegt, „die weitere Entwicklung der brüderlichen Beziehungen zwischen allen Staaten der sozialistischen Gemeinschaft maximal zu fördern und stets im Geiste der Festigung ihrer Einheit und Entschlossenheit zu handeln"; Formeln, die dazu führten, daß im Programm der SED vom Mai 1976 die Bevölkerung Mitteldeutschlands erstmals als „sozialistische Nation der Deutschen Demokratischen Republik" und „untrennbarer Bestandteil der Gemeinschaft sozialistischer Nationen" angesprochen wird.

Ganz im Sinne der hier an den Tag getretenen Tendenz lag es sodann auch, daß Breschnew auf dem Moskauer Parteikongreß im Februar 1976 an die Spitze seiner programmatischen Leitsätze die Ankündigung stellte, daß in den kommenden Jahren die Integrationspolitik im Ostblock auf der Grundlage des „sozialistischen Internationalismus" im Rahmen des Warschauer Pakts und des Rates für gegenseitige Wirtschaftshilfe (Comecon) beschleunigt vorangetrieben werden solle. Hier waren vor Beginn des Kongresses sogar Meldungen in den Westen gelangt, es solle auf ihm der Plan einer stufenweise zu vollziehenden „Konföderation der sozialistischen Staaten" vorgelegt werden; diesem Plan zufolge sollten zunächst die „DDR", die Tschechoslowakei und Bulgarien, sodann in einer zweiten Phase Polen, Ungarn und Rumänien und schließlich als letzter Staat Jugoslawien der Sowjetunion angegliedert werden (vgl. den Leitartikel der F.A.Z. vom 19.1.1976). Hatten sich dann auch auf dem Kongreß diese Meldungen, denen zuvor schon die „Prawda" in einem Dementi entgegengetreten war, nicht bestätigt, so bedeutete es immerhin eine auffällige Koinzidenz, daß kurz darauf Überlegungen des führenden Ostexperten im amerikanischen Außenministerium, Sonnenfeldt, eines engen Mitarbeiters des damaligen Außenministers Kissinger, bekannt wurden, die sozusagen als Pendant zu jenen Spekulationen angesehen werden konnten und als „Sonnenfeldt-Doktrin" allenthalben Aufsehen erregten. Auf einer Konferenz mit den amerikanischen Botschaftern in den osteuropäischen Ländern, die um die Jahreswende 1975/76 stattfand, hatte der Genannte ausgeführt, die Vereinigten Staaten seien, damit ein dritter Weltkrieg vermieden werde, daran interessiert, das sowjetische Imperium zu stabilisieren und die Vorherrschaft Moskaus über die osteuropäischen Staaten zu sichern. In diesem Zusammenhang hatte er ausdrücklich die „unorganische und unnatürliche Beziehung" zwischen Moskau und jenen Staaten bedauert, da sie dazu führe, daß sich die Sowjetunion nur auf ihre militärische Macht verlasse (vgl. „Die Welt" vom 25. März 1976)!

Tatsächlich meldeten sich nun aber auch bereits in einzelnen Ostblockstaaten Parteigänger Moskaus zu Worte, die in aller Offenheit eine Entwicklung in der hier skizzierten Richtung befürworteten. Hatte der bulgarische Staats- und Parteichef Schiwkoff im März 1974 noch in verklausulierter Form von Maßnahmen gesprochen, „welche Bulgarien der Sowjetunion bis zu einem solchen Maße gegenseitiger Verbundenheit annähern sollen, daß unsere Entwicklung — so wie ein vom gleichen Blutkreislauf durchspülter Organismus — ein und denselben Rythmus annimmt" (Bonner „Generalanzeiger" vom 2. April 1976), so berichtete „Die Welt" am 18. Juni 1976, „in jüngster Zeit" hätten einige sowjetische und tschechische Autoren die Ansicht vertreten, die Zeit sei reif dafür, daß alle kommunistischen Länder Europas ihre Eigenstaatlichkeit aufgäben, um sich zu einer „sozialistischen Nation" zusammenzuschließen. Sie träten dementsprechend für die vollständige Integration der osteuropäischen Länder mit ihren über 100 Millionen Einwohnern in die Sowjetunion ein. In diesem Sinne habe z. B. im Mai 1976 ein sowjetischer Soziologe in der tschechischen Jugendzeitschrift „Mlada Fronta" geschrieben: „Meiner Ansicht nach besteht die Möglichkeit zur Schaffung eines sozialistischen Volkes in den Ländern der sozialistischen Gemeinschaft. Die objektiven Bedingungen zeichnen sich jetzt ab!" Diese These werde, so hieß es in der „Welt", damit begründet, daß in der Sowjetunion die nationalen Unterschiede beseitigt wurden und daß es jetzt dort ein „sowjetisches Volk" gebe.

Daß die Sowjetunion unter den derzeitigen Verhältnissen eine derartige Entwicklung forciert betreiben könnte, ist nun gleichwohl nicht zu befürchten. Denn dies würde heute das in den einzelnen Ostblockstaaten, namentlich aber in Polen, Ungarn und Rumänien stark verwurzelte Natlonalgefühl in einem Maße auf den Plan rufen, welches die Sowjetunion, ungeachtet aller Linientreue der jeweiligen Staats- und Parteiführer, mit höchst unliebsamen Entwicklungen im Ostblock konfrontieren könnte. Die Lage könnte sich jedoch in dem Augenblick grundlegend ändern, in dem sich im Westen eine „europäische Union" etablierte. Sie gäbe der Sowjetunion die Handhabe, eine verstärkte Zusammenfassung des „sozialistischen Lagers" mit dem schließlichen Ziel der Errichtung eines sozialistischen Bundesstaates unter ihrer Führung nunmehr als eine Schutz- und Verteidigungsmaßnahme hinzustellen, die durch die Entwicklung im Westen unerläßlich geworden sei und nur das nachvollziehen solle, was dort zuvor geschehen sei. Einer solchen Argumentation, dem Appell an sozialistische Solidarität zwecks Selbstbehauptung, gegenüber befänden sich die Ostblockstaaten in einer ungleich gefährdeteren Lage als heute. Die Aussicht, das Geschick der Baltenstaaten zu erleiden und eines Tages Sowjetrepubliken zu werden, wäre dann für sie als latente Drohung künftiger Entwicklung nicht mehr auszuschließen. Dem Vorschub zu leisten, könnte somit letztlich zu einer Folge führen, an deren Eintritt niemandem in Europa, am allerwenigsten aber uns Deutschen gelegen sein kann: Es wäre für uns die sozusagen doppelt abgesicherte Zementierung der deutschen Teilung — durch vollständige Integration der Bundesrepublik im Westen und eine solche der „DDR" im Osten.

Allgemein ist in diesem Zusammenhang festzustellen, daß, entsprechend den gleichartigen Tendenzen in Westeuropa gegenüber der Bundesrepublik, allen Integrationsbestrebungen im Ostblock nachweislich nicht zuletzt der Wunsch zugrunde lag und noch liegt, Mitteldeutschland endgültig an das sozialistische Lager zu binden und damit das Wiedererstehen eines geeinigten Deutschlands zu verhindern. Das kam z. B. für Polen deutlich in einer Danziger Rede des damaligen polnischen Chefideologen Kliszko vom Januar 1969 zum Ausdruck. In ihr wurde die politische Bedeutung des Comecon hervorgehoben und in eine Beziehung zu den „perfiden" Bestrebungen der Bundesrepublik gebracht, den Status quo in Europa zu ändern und die „DDR" von den anderen sozialistischen Ländern zu trennen. Die französische Zeitung „Le Monde" erläuterte diese Rede in einem Korrespondentenbericht aus Warschau mit der Erklärung, nach Mitteilung polnischer Besucher Mitteldeutschlands sei bei der dortigen Jugend die Tendenz zu beobachten, den die deutsche Nation als Ganzes betreffenden Problemen größere Bedeutung beizumessen als denen des sozialistischen Lagers; jede Möglichkeit einer derartigen, für Polen bedrohlichen Entwicklung solle deshalb durch beschleunigte Integration des Comecon im Keime erstickt werden.

Mit Recht konnte daher der bekannte amerikanische Publizist Sulzberger bereits in der „New York Times" vom 25. Dezember 1968 feststellen, die Teilung Deutschlands werde durch das Bestreben der Siegermächte des Zweiten Weltkrieges vertieft, den in ihren jeweiligen Einflußbereich fallenden Teil Deutschlands so eng wie möglich an sich zu binden.

g) Die „Anziehungskraft" Europas

Noch ein kurzes Wort zu dem von den Befürwortern der Integration vorgebrachten Argument, das „Vereinigte Europa" werde auf die Bevölkerung in den Ostblockstaaten und namentlich auf die Deutschen in der Zone eine solche Anziehungskraft ausüben, daß sich die Sowjetunion wohl oder übel zur Freigabe der letzteren verstehen müsse. Auch hier handelt es sich leider um bloßes Wunschdenken. Je „attraktiver" wir für die Deutschen in der sogenannten „DDR" werden — und wir sind dies unzweifelhaft bereits seit langem in einem Maße, das kaum mehr steigerungsfähig ist —, um so fester wird unter den gegenwärtigen Verhältnissen die Sowjetunion diese an sich binden und um so strenger die Abgrenzung des Zonenregimes uns gegenüber werden.

4. Ergebnisse

Die bisherige Untersuchung führt hiernach zu folgenden Ergebnissen:

a) Die Argumente für eine die Bundesrepublik einschließende Westintegration (oben 1.) könnten vom deutschen Interessenstandpunkt aus, wenn überhaupt, so nur dann Berücksichtigung finden, wenn durch die Westintegration die Verwirklichung unseres nationalen Anliegens der Wiedervereinigung ganz Deutschlands nicht erschwert oder gar ausgeschlossen würde. Diese Voraussetzung ist aber nicht gegeben, denn:

b) Eine Westintegration der Bundesrepublik Deutschland, d.h. deren Aufgehen in einer übernationalen, mit eigenen Souveränitätsrechten ausgestatteten „Europäischen Union", würde die Wiedervereinigung Deutschlands unmöglich machen;

c) Sie würde ebenso ein unüberwindliches Hindernis auch nur für eine „Österreich-Lösung" für die sogannnte „DDR", d.h. für deren Neutralisierung, sein — selbst wenn man sich also mit einer solchen, dem Grundgesetz eindeutig widersprechenden Lösung zufrieden geben wollte;

d) sie könnte darüber hinaus von der Sowjetunion damit beantwortet werden, daß diese sich unter Berufung auf das westliche „Beispiel" anschickt, die Staaten des Ostblocks noch fester an sich zu ketten mit dem schließlichen Ziel, sie zu einem großen sozialistischen Bundesstaat unter ihrer Führung zusammenzufassen und sie damit zu Sowjetrepubliken zu machen.

Hiernach bietet sich für die Bundesrepublik Deutschland, will sie nicht das Anliegen der Wiedervereinigung aufgeben, nur der Weg, seine Verwirklichung auf der Grundlage der realen Gegebenheiten, d.h. auf der des Nationalstaats, anzustreben. Der Möglichkeit, auf diesem Wege zum Ziel zu kommen, steht auch keineswegs der eingangs erwähnte Einwand entgegen, in die Wiedervereinigung müsse auch eine Neugestaltung unseres Verhältnisses zu den osteuropäischen Nachbarländern einbegriffen sein; dies könne nur „europäisch" und nicht im Rahmen des Nationalstaats geschehen. Denn das Bedürfnis, Fragen von europäischer Tragweite zu lösen, bedeutet durchaus nicht, daß deshalb die an ihrer Lösung beteiligten oder interessierten Länder aufhören müßten, Nationalstaaten zu sein. Zur Regelung derartiger Fragen mag es zwar eines europäischen Kongresses oder einer europäischen Konferenz bedürfen, wie solche auch in der Vergangenheit wiederholt stattgefunden haben (z. B. Wiener Kongreß, Berliner Kongreß). Mit der behaupteten Notwendigkeit einer „europäischen" Lösung der Deutschlandfrage in dem hier verstandenen Sinne, d.h. einer Lösung, die für den Nationalstaat, jedenfalls den deutschen, keinen Raum mehr ließe, hat das jedoch nichts zu tun. Es ist nicht das erste Mal in unserer Geschichte, wenn hier um neu aufgekommener Vorstellungen willen die bisherigen Bahnen der Politik als für die Gestaltung unserer Zukunft nicht mehr zeitgemäß angesehen und statt ihrer Wege empfohlen werden, die sich für *uns* nur als verhängnisvoll erweisen können. Ich erinnere hier nur an den Übergang von der Bismarck-Ära zur Politik des „Neuen Kurses", einer falsch verstandenen „Weltpolitik" mit dem späteren Schwerpunkt auf der Flottenpolitik.

IV. Die Frage der Vereinbarkeit von Westintegration und Wiedervereinigung im Urteil von Regierung und Parteien und ihr Einfluß auf die weitere Ausrichtung der deutschen Politik

Damit komme ich zu der weiteren wichtigen Frage: Sind sich diejenigen, die in unserem Staate Verantwortung tragen, der Unvereinbarkeit von Westintegration der Bundesrepublik und deutscher Wiedervereinigung bewußt, und, falls dies zutrifft, welche Folgerungen werden von ihnen aus dieser Einsicht gezogen?

1. Die Ansicht des Auslands

Bevor ich zu dieser Frage Stellung nehme, möchte ich den Blick kurz darauf lenken, wie man im Ausland, namentlich bei unseren wichtigsten europäischen Verbündeten, Frankreich und England, die Konkurrenz beider Zielsetzungen beurteilt. Hier ist die Tatsache, daß die Westintegration der Bundesrepublik die Wiedervereinigung Deutschlands ausschließen würde, für alle im politischen Leben stehenden Kreise schon seit langem eine absolute Selbstverständlichkeit. Zwar wird dies erklärlicherweise von den Mitgliedern der Regierungen nicht offen ausgesprochen. In der Presse und in persönlichen Gesprächen ist es jedoch wiederholt, eben als etwas ganz Selbstverständliches, gesagt worden. So erklärte beispielsweise bereits in den frühen 60er Jahren ein führender gaullistischer Politiker, Deutschland könne im Falle einer europäischen Integration vor der Entscheidung stehen, um der europäischen Einigung willen auf die nationale Einheit zu verzichten. Und im gleichen Sinne äußerte im Juni 1976 auf einer Tagung deutscher und französischer Europa-Anhänger in Ludwigsburg, die von Prof. Carlo Schmid geleitet wurde, der französische Professor Vedel: „Was wird werden, wenn eines Tages die Deutschen vor der Frage stehen, sich zwischen der Wiedervereinigung, die ihren Preis kosten wird, und Europa zu entscheiden?" (F.A.Z. vom 30.6.1976), eine Fragestellung, der offenbar keiner der Tagungsteilnehmer widersprochen hat! Und was die Meinung der Engländer anlangt, so zitiere ich nur den Londoner „Observer", der mit dankenswertem Verständnis für die wahre deutsche Interessenlage bereits am 3.8.1969 feststellte, für

Westeuropa könne sich unter Umständen ein nur wirtschaftlich voll integriertes System als notwendig erweisen, wenn man nicht mit der politischen Integration alle Hoffnung auf die Wiedervereinigung Deutschlands zunichte machen wolle.

2. Die Meinungen deutscher Politiker

Wie verhält es sich nun aber in dieser für die deutsche Zukunft entscheidend wichtigen Frage bei uns selbst, also hier in der Bundesrepublik? Auch hier ist die Tatsache, daß Westintegration und Wiedervereinigung einander ausschließen, weder von der Regierung noch von berufener Seite der Opposition jemals offiziell festgestellt worden. Vielmehr haben beide Seiten immer betont, daß sie neben dem Ziel der europäischen Einigung auch an dem der Wiedervereinigung Deutschlands festhalten. Tatsächlich haben aber selbst diejenigen, die ursprünglich die Westintegration als den besten Weg zur Wiedervereinigung erklärt hatten, sich schon bald von der gelinde gesagt mangelnden Eignung dieses ihres Rezepts überzeugen müssen. Im Tagebuch des früheren Bundesministers Krone[5] findet sich unter dem 16. März 1959 die Eintragung: „Im Vorstand der Fraktion hat der Kanzler über seine Gespräche mit Macmillan berichtet. ... Entscheidend der Satz: Wenn wir den Status quo für Berlin und die Zone behalten, haben wir heute so gut wie alles erreicht. Wiedervereinigung — wer weiß wann! Gerstenmaier stellte zu diesem Satz des Kanzlers fest, daß damit klar gesagt sei, daß wir unsere bisherige These, Wiedervereinigung durch Geschlossenheit und Stärke des Westens, vorläufig nicht realisieren könnten. Also geteiltes Deutschland." Spätestens von diesem Zeitpunkt ab hätte man deshalb mit der Integrationspolitik nicht fortfahren dürfen; denn nun konnte auch für ihre Befürworter kein Zweifel mehr daran bestehen, daß man mit ihr das Ziel der Wiedervereinigung und der Rückkehr der Ostgebiete nicht nur nicht erreichen konnte, sondern sich im Gegenteil zunehmend davon entfernte. Tatsächlich wurde aber die bisherige Politik unbekümmert um diese Folge fortgesetzt; allerdings mit dem bedeutsamen, sich nur allmählich vollziehenden und daher den meisten gar nicht bewußt gewordenen Wandel, daß fortan mehr und mehr die (west-)europäische Integration als eigentliches Ziel unserer Politik in den Vordergrund rückte, während die Wiedervereinigung — und erst recht die

Rückkehr der deutschen Ostgebiete — in demselben Maß als Ziele dahinter verblaßten. Dabei sprach — und spricht man auch heute — bezeichnenderweise stets von „Europa" und „europäischer" Integration, wo es sich in Wahrheit nur um Westeuropa und westeuropäische Integration handelt; und ebenso davon, daß „wir Deutschen" vorzugsweise dazu berufen seien, dieses „Europa" zu bauen, obwohl es wiederum nur die Westdeutschen sind, die dies tun und dann auch in ihm Aufnahme finden sollen.

Welchen „Wert" man in Wahrheit dem Anliegen der deutschen Wiedervereinigung noch zuerkannte, erhellt am besten die Tatsache, daß man sich in aller Offenheit damit rühmte, auf die Wiederherstellung des „alten souveränen Nationalstaates" als „einer unabhängigen Größe zwischen Ost und West zugunsten einer neuen, dauernden Gemeinschaft der Staaten Europas und der atlantischen Welt" verzichtet zu haben, obwohl, wie man ebenso offen zugab, „ die Hemmung und der Widerstand gegen diese Neuorientierung der deutschen Politik" sich aus der „Sorge um 17 Millionen Deutsche hinter dem Eisernen Vorhang" genährt hatten (Bundestagspräsident Dr. Gerstenmaier 1963 bei der Begrüßung des amerikanischen Präsidenten Kennedy in der Frankfurter Paulskirche); daß man mit Stolz erklärte, mit der Bereitschaft, der Europa-Politik Vorrang einzuräumen und unsere Interessen in eine größere Gemeinschaft einzuordnen, eine „geschichtliche Wende in Deutschland" (CDU-Vorsitzender Dr. Barzel am 25.2.1972 im Deutschen Bundestag), die „größte Reform in der deutschen Geschichte auf außenpolitischem Gebiet" (CSU-Vorsitzender Strauß am 25.7.1975 im Deutschen Bundestag) vollzogen zu haben, obwohl zum Zeitpunkt der Abgabe dieser Erklärungen außer Zweifel stand, daß uns diese Politik in der *Deutschlandfrage* keinen Schritt weitergebracht hatte; daß man auf Seiten der Opposition die Haltung zu den wegen ihrer befürchteten Auswirkung auf Wiedervereinigung und Grenzen scharf kritisierten Ostverträgen u.a. von einer „positiven Einstellung der Sowjetunion zur Europäischen Gemeinschaft" abhängig machte — mit der jene Verträge nichts zu tun hatten — und diese Voraussetzung für ein zustimmendes Votum in einem als Einheit bezeichneten Drei-Punkte-Katalog an erster Stelle, vor Selbstbestimmungsrecht und Freizügigkeit, rangieren ließ, und daß man hierbei der Sowjetunion zugleich empfahl, sie solle den entschlossenen Einigungswillen der „Europäer außerhalb des russischen Machtbereichs" (also ohne die Deutschen in der Zone!) auf die Dauer nicht nur hinnehmen, sondern seine friedensichernde Rolle selbst zu schätzen wissen (Dr. Barzel am 23. und 25.2.1972); ja, daß man die Absage an den deutschen Nationalstaat und die Beschränkung des politischen Interesses allein auf die Bundesrepublik und Westeuropa auch für die Zukunft unterstrich, wie dies aus den Worten des CSU-Vorsitzenden Strauß auf dem deutschlandpolitischen Kongreß der CDU/CSU in Ingolstadt im November 1975 hervorging: „Wir stehen nicht für die Wiederbelebung eines deutschen nationalen Machtstaates, wir stehen nicht für die Wiederbelebung einer europäischen Staatenwelt mit einem Deutschen Reich in der Mitte, ... Wir stehen für eine europäische Föderation, und wir kämpfen darum, daß man uns versteht, daß man uns hilft, daß das freie Deutschland nicht Schicksalsland Europas wieder im ungünstigen Licht des Wortes werden darf. Dafür stehen wir und für nichts anderes!" So konnte der CDU-Politiker Marx auf jenem Kongreß in der Tat mit Recht erklären: „Für die CDU ist Europa und der Westen das erste Wort der deutschen Politik. Unser oberstes Interesse ist es, Europa zu bauen."

Von Seiten der SPD-Führung, die zunächst lange Zeit die Adenauersche Integrationspolitik entschieden abgelehnt hatte, liegen derartige emphatische Erklärungen für die Eingliederung der Bundesrepublik in ein rein westliches Europa und gegen den deutschen Nationalstaat — und damit, gewollt oder ungewollt, gegen die Wiedervereinigung überhaupt —, soweit ich sehe, nicht vor. Jedoch ist auch sie in den frühen 60er Jahren auf die Linie dieser Politik eingeschwenkt, obwohl sie nicht im Zweifel darüber war und später auch offen eingeräumt hat, daß diese sich „als Wiedervereinigungspolitik nicht erwiesen" hatte (vgl. unten S. 157). Immerhin näherte sich am 7. Juli 1978 der Bremer Bürgermeister und damalige stellvertretende SPD-Vorsitzende Koschnik bis zu einem gewissen Grade wieder der früheren Parteilinie mit der Erklärung, die Weiterentwicklung der Europäischen Gemeinschaft zur Politischen Union sei nicht mehr erstrebenswert; ein politisch geeintes Westeuropa müsse auch im Ostblock eine ähnliche Entwicklung nach sich ziehen; es könne jedoch nicht im europäischen Interesse liegen, die Teilung des Kontinents zu zementieren; so habe auch der — von ihm dafür als „Kronzeuge" angeführte — General de Gaulle stets von einem „Europa der Vaterländer" gesprochen. Der Politiker sah sich dann allerdings genötigt, von dieser — wenige Tage vor einem in Bremen tagenden EG-„Gipfel" abgegebenen — Erklärung alsbald wieder abzurücken, und ein von dem Bundeskanzler Schmidt veranlaßtes Dementi betonte, daß die Bundesregierung am Fernziel der Politischen Union festhalte. Von Seiten der CDU trug dieser Vorstoß dem SPD-Politiker den Vorwurf ein, er habe bei Begründung seiner „seltsamen" Auffassung „verkehrtherum" argumentiert, die Entwicklung der letzten Jahrzehnte offenbar nicht verstanden und nicht begriffen, daß die Politische Union für Europa eine große Chance sei, die auszulassen oder gar politisch nicht zu wollen, zu den „eigentlichen Tor- und Tollheiten" gehören würde (MdB Dr. Marx, damals außenpolitischer Sprecher der CDU, am 12.7.1978). Auch zeigte man sich bei der Union besorgt, „wer bei solchen Redensarten die Wähler an die Urnen zur Europawahl bekommen wolle", und hielt dem Bürgermeister vor, warum er sich für die Ostverträge stark gemacht habe, die von den östlichen Vertragspartnern doch als endgültige Teilungsverträge interpretiert würden, während er nun plötzlich vor einer europäischen und damit auch nationalen Zementierung der Teilung warne (MdB Metz am 10.7.1978). — Koschnik selbst hat dann am 12.1.1979 auf dem Kongreß des Bundes der sozialdemokratischen Parteien in der EG in Brüssel wieder betont, daß im europäischen Einigungsprozeß die deutsche Frage nicht übersehen und deshalb kein Schritt zu Lasten einer endgültigen Spaltung Eruopas in zwei Blöcke vollzogen werden dürfe.

3. Anhörung Prof. Dahrendorfs im Deutschen Bundestag

Wenn Regierung und Opposition, ungeachtet so mancher damit im Grunde unvereinbarer Erklärung, offiziell stets für sich in Anspruch genommen haben, an beiden Zielen — Westintegration *und* Wiedervereinigung — festzuhalten, so konnten sie schon in früheren Jahren kaum darauf rechnen, mit dieser Bekundung ihres Einheitswillens überall gläubiges Vertrauen zu finden. Hier ist nun aber spätestens im September 1977 eine Lage eingetreten, in der bei den Verantwortlichen kein Zweifel mehr über die Unvereinbarkeit beider Zielsetzungen mehr bestehen kann, zumindest kein derartiger Zweifel mehr sollte bestehen dürfen. In diesem Monat hat nämlich der frühere parlamentarische Staatssekretär im Auswärtigen Amt und langjährige EG-Kommissar in Brüssel, Prof. Dahrendorf, als vom Bundestagsausschuß für innerdeutsche Beziehungen geladener Sachverständiger bei einer öffentlichen Anhörung durch den Ausschuß diese Unvereinbarkeit ausdrücklich und unmißverständlich festgestellt. Der Kern dieser gutachtlichen Äußerung aus berufenem Munde und ihre grundlegende Bedeutung für die Deutschlandpolitik sind im Leitartikel der „F.A.Z." vom 22. September 1977 in prägnanter Kürze wie folgt zusammengefaßt worden: „Die erste (Feststellung Dahrendorfs) ist ein alter Hut von drei Jahrzehnten: daß just diese Lösung der deutschen Frage von allen, buchstäblich allen Drittländern favorisiert wird, nämlich die endgültige Teilung Deutschlands, Metallgitterzaun inbegriffen. Die andere ist bisher noch nicht so offen ausgesprochen worden: daß diese Lösung leider als einzige zum oft verkündeten Ziel der politischen Einigung Westeuropas paßt. Wer lauthals das Lied von der unbedingt wünschenswerten, ja unumgänglichen politischen Verschmelzung der Europäischen Gemeinschaft anstimmt, empfiehlt zugleich eine Deutschlandpolitik der zementierten, unwiderruflichen Teilung. Vielen, darunter auch den Bonner Oppositionsparteien, die diesen Zusammenhang bisher nicht zu Ende gedacht haben, wird der Dahrendorf-Hinweis ungelegen kommen. Aber es wird schwerfallen, ihn zu entkräften." Soweit das Zitat aus der „F.A.Z.". Ihm ist nur hinzuzufügen: es wird nicht schwerfallen — es ist unmöglich, den Hinweis Dahrendorfs zu entkräften: er trifft den Nagel auf den Kopf!

4. Die Reaktion auf die Anhörung

Welche Reaktion hat nun diese unzweideutige Analyse Prof. Dahrendorfs beim Deutschen Bundestag und den in ihm vertretenen Parteien ausgelöst? Auf diese Frage folgt leider die Antwort: Augenscheinlich gar keine — die Analyse ist, soweit ich sehe, im Plenum des Bundestags niemals zur Sprache gekommen, wie wenn eine stillschweigende Übereinkunft vorgelegen hätte, darüber zu schweigen. Jedenfalls hatte sie weder den Versuch zur Folge, die Argumente des Gutachters zu entkräften und damit das Ergebnis seiner Analyse zu widerlegen, noch die Bereitschaft, ihr im Interesse des deutschen Wiedervereinigungsanliegens Rechnung zu tragen; eher könnte man in letzterer Hinsicht bei einigen Politikern sogar von der Möglichkeit einer Auswirkung im gegenteiligen Sinne sprechen.

Was hier zunächst die Regierung betrifft, so erklärte z. B. der Bundesaußenminister Genscher nach einem Bericht der „Welt" vom 2. Dezember 1977 in einem Interview mit der Zeitschrift „Auslandskurier" ausdrücklich: „Die europäische Einigung behält für die deutsche Politik weiterhin Vorrang;" und an zweiter und dritter Stelle des Prioritätenkatalogs folgten dann Festigung des atlantischen Bündnisses und Fortsetzung der Entspannungspolitik.

Kam hier der praktische Verzicht auf die Wiedervereinigung durch das Beharren auf der mit ihr unvereinbaren Westintegration der Bundesrepublik und den ihr zugebilligten Vorrang noch in eher verklausulierter und zurückhaltender Form zum Ausdruck, so trug der frühere FDP-Bundestagsabgeordnete Moersch, der als Nachfolger Prof. Dahrendorfs ebenfalls längere Zeit parlamentarischer Staatssekretär im Auswärtigen Amt gewesen war, keine Bedenken, einen solchen Verzicht im Dezember 1978 in aller Offenheit nahezulegen. In einem von ihm als damaligem Vorsitzenden des Kreisverbandes Ludwigsburg der FDP unterzeichneten Antrag legte er der Landesvertreterversammlung der Partei in Stuttgart den Entwurf einer Entschließung vor, in der die FDP aufgefordert wurde, bei der Vorbereitung für die Wahl zum Europäischen Parlament in der Öffentlichkeit und gegenüber der Bevölkerung keinen Zweifel u. a. daran zu lassen,

— „daß die proeuropäische Entscheidung der Bundesrepublik Deutschland, die bereits durch die Mitbegründung der Montanunion und durch die Zustimmung zu den Römischen Verträgen über die Atom- und Wirtschaftsgemeinschaft getroffen wurde und mit der Direktwahl des Europäischen Parlaments noch einmal bekräftigt wird, mit der Wiederherstellung eines deutschen Nationalstaates, wie er früher bestanden hatte, nicht vereinbar ist;

— daß es deshalb eine Irreführung der Bürger unseres Landes ist, wenn die CDU/CSU als Bonner Oppositionspartei nach wie vor glauben zu machen versucht, die westeuropäische Integration und die Wiederherstellung der staatlichen Einheit Deutschlands seien politische Zielsetzungen, die beide nebeneinander verwirklicht werden könnten."

In gleichem Sinne äußerte bald darauf der dem FDP-Bundesvorstand angehörende Vorsitzende des außenpolitischen Bundesfachausschusses der Partei, William Borm, auf einer Veranstaltung des Zentralverbandes der Mittel- und Ostdeutschen am 22.4.1979:

„Bei genauem Hinsehen stellt sich heraus, daß die von allen Parteien verkündeten Hauptziele deutscher Politik, nämlich die Schaffung einer westeuropäischen politischen Gemeinschaft, welcher Struktur auch immer, einerseits und die Wiederherstellung der nationalstaatlichen Einheit Deutschlands andererseits sich ausschließen. Jeder Schritt, der uns näher zur politischen Union Westeuropas führt, entfernt uns realiter mehr von der logischen und tatsächlichen Möglichkeit einer nationalstaatlichen Re-Vereinigung. Beide Ziele zugleich anstreben zu wollen, wie verkündet wird, ist entweder Selbsttäuschung oder bewußte Irreführung der Bürger. Wir können nicht in einer geradezu existenziellen Frage unserer nationalen Existenz mit einer Lebenslüge leben. Wir sollten den Mut aufbringen, die Wahrheit zu sagen, wie auch immer diese aussieht. Die bevorstehenden Direktwahlen zum europäischen Parlament könnten für das Aussprechen der Wahrheit ein geeigneter Anlaß sein. Denn praktisch haben wir uns schon lange und zwar unwiderruflich für eine unauflösliche Westintegration und darin eingeschlossen für die schrittweise Aufgabe nationaler Souveränität zugunsten einer zu schaffenden westeuropäischen Union entschieden."

Von einer Einstellung, die aus der klaren Erkenntnis der absoluten Unvereinbarkeit beider von der deutschen Politik offiziell verfolgten Ziele eine derartige Schlußfolgerung zog, war es dann schließlich nur ein weiterer, folgerichtiger Schritt in eben diese Richtung, wenn der oben S. 136 erwähnte Dr. Bloemer im Frühjahr 1979 einen *formellen Verzicht* auf die deutsche Wiedervereinigung forderte. Bloemer, damals Pressereferent an der Botschaft der Bundesrepublik Deutschland in Bern, sprach sich, wie die „Welt" am 11.5.1979 berichtete, dafür aus, die Bundesrepublik solle sich von dem im Grundgesetz verankerten Auftrag zur staatlichen Wiedervereinigung entlasten und in einem dazu erforderlichen *verfassungsändernden* Akt Abschied nehmen; der Wiedervereinigungsgedanke, so erklärte er, belaste nur die Teilnahme der Bundesrepublik an der europäischen Einigung.

Aus den Reihen der Unionsparteien erklärte nach einem Bericht der „Welt" vom 12.12.1977 der CDU-Abgeordnete und

Vorsitzende der christlich-demokratischen Fraktion im Europäischen Parlament, Klepsch, man könne sich „durchaus damit zufrieden geben, daß Deutschland als Nationalstaat nicht wiedervereinigt, aber durch zwei freie Staaten verkörpert würde." In der Haltung der Sowjetunion und des übrigen Ostblocks zur europäischen Einigung sei unter dem Zwang des Faktischen und der gegebenen Realitäten ganz zweifellos eine gewisse Veränderung eingetreten. Wenn daher „in der DDR einmal eine freie Selbstbestimmung möglich" sein werde, „so dürfte wohl kein Zweifel darüber bestehen, daß die Entscheidung der Bürger zugunsten eines freiheitlichen deutschen Staates ausfallen" werde, so daß dann theoretisch zwei Möglichkeiten bestünden: „Entweder ein wiedervereinigtes Deutschland als Mitgliedsstaat der Europäischen Gemeinschaft oder aber auch ein zweiter deutscher Staat, der Mitglied der Europäischen Gemeinschaft oder ihr assoziirt wird". Eine Zwei-Staaten-Lösung, so meinte der Abgeordnete, könne im Falle einer europäischen Integration akzeptiert werden, wenn, so heißt es wörtlich, „die Nachteile dieser Trennung durch eine wirkliche gesamteuropäische Freizügigkeit, garantierte Grundrechte, gewährleistete Menschenrechte, demokratische Strukturen und hochentwickelte Techniken restlos verschwinden würden." Es erschien angebracht, den Inhalt dieser Erklärung so ausführlich wiederzugeben, weil sie symptomatisch dafür ist, welche Beachtung oder richtiger Nichtbeachtung die Analyse Prof. Dahrendorfs bei den Parteien des Deutschen Bundestags gefunden hat; und weil sie zugleich zeigt, in welchem Ausmaß noch heute bei uns reine Wunschvorstellungen, deren utopischer Charakter offen zutage liegt, politisches Denken und Handeln bestimmen.

Die CSU trat Ende Februar 1978 mit einem „deutschlandpolitischen Grundsatzpapier" ihrer Landesgruppe im Deutschen Bundestag hervor, das zwar eine gewisse äußerliche Korrektur des orthodoxen Integrationsstandpunktes erkennen läßt, letztlich aber doch in seiner Substanz an diesem festhält. Es enthält auf der einen Seite, im Gegensatz zur bisherigen strikten Absage an den Nationalstaat, Sätze wie: „Europa und Nationalstaat sind keine Gegensätze, sie gehören zusammen. Das politische Europa wird auf der Grundlage seiner Nationen und der diese festigenden Staaten entstehen." Diesen Sätzen kommt jedoch angesichts des übrigen Inhalts des Papiers nur die Bedeutung zu, den föderalen Charakter des angestrebten Vereinigten Europas stärker zum Ausdruck zu bringen, wohingegen dieses selbst als eine über den Einzelstaaten stehende politische Einheit nicht in Frage gestellt wird. Denn es heißt andererseits ausdrücklich, die Bedeutung der politischen Einigung der freien Völker Europas liege nicht darin, daß sie die Einzelstaaten unnötig mache, sondern daß sie diese „zu einer höheren Einheit verbinde." Und eben diese „höhere Einheit" wird im letzten Absatz nochmals nachdrücklich unterstrichen, indem hier, ganz im Sinne früherer Erklärungen, gesagt wird: „Die Wiederherstellung der staatlichen Einheit Deutschlands bleibt daher als Ziel für uns auch dann unverzichtbar, wenn der freie Teil unseres Vaterlandes in ein politisch geeintes Europa tritt." Mit anderen Worten: die gleiche Aufgabe der deutsch-europäischen Zirkelquadratur, die sich die Befürworter der Integration als eines Mittels zur Wiedervereinigung von Anbeginn an gestellt hatten, nur daß von dieser Mittel-Funktion jetzt — verständlicherweise — nicht mehr die Rede ist.

Die Junge Union wiederum verabschiedete am 21.1.1979 unter dem Titel „Deutschland und Europa" eine Grundsatzerklärung zu den Europawahlen, die die innere Widersprüchlichkeit des Unionsprogramms ebenfalls deutlich erkennen ließ. In ihr wurde die europäische Einigung als Herausforderung gerade für die geteilte deutsche Nation bezeichnet und betont, daß die Bundesrepublik als Mitglied der europäischen Gemeinschaft dem Gedanken der Wiedervereinigung, der nicht im Gegensatz zum europäischen Einigungsstreben stehe, verpflichtet bleibe. Sie müsse deshalb darauf bestehen, daß der innerdeutsche Handel im Rahmen der EG seinen Sonderstatus behalte, und dürfe keinen Regelungen zustimmen, die den Fortbestand dieses Status *europäischen* Gremien übertrügen. Gab man nicht mit der Ausklammerung allein dieser Frage schon aus der „europäischen" Zuständigkeit ungewollt zu, daß man zur Rolle „Europas" als Sachwalter gesamtdeutscher Belange kein Vertrauen hatte, deutsche Wiedervereinigung und westeuropäischer Bundesstaat in Wahrheit somit bereits unter diesem Gesichtspunkt eben doch einander widerstreitende Zielsetzungen sind?

Der CDU-Vorsitzende Kohl schließlich forderte am 29.4.1981 in einem „Europa und die deutsche Frage" betitelten Aufsatz in den „Lutherischen Monatsheften" die „zähe und beharrliche

Förderung der Einigung Europas" als „unserer Generation aufgegebene welthistorische Aufgabe", ohne auf die Frage der Vereinbarkeit dieser Forderung mit dem Anliegen der Wiedervereinigung Deutschlands überhaupt noch einzugehen. Von der Grundhaltung aus, die den Artikel kennzeichnet, kam dieser Frage allerdings in der Tat keine Bedeutung mehr zu. Denn dort wird einerseits — in bemerkenswerter Verleugnung der bisherigen Unionsthese vom westlichen Zusammenschluß als Mittel und Weg zur Wiedervereinigung — die deutsche Teilung als „Voraussetzung des gegenwärtigen Zustands in Europa" und damit „Teil des Gleichgewichts zwischen Ost und West, aber auch des Gleichgewichts innerhalb der Lager" bezeichnet und festgestellt, daß eine Milderung dieses Zustands langer Zeiträume bedürfen werde. Zum anderen hält der Verfasser es zwar für notwendig, an Idee und Begriff der deutschen Nation festzuhalten und deren Norm und Anspruch nicht den Marxisten und Sozialisten zu überlassen. Was diese Forderung jedoch praktisch überhaupt noch besagen will, wird klar, wenn man an anderer Stelle des Aufsatzes liest, daß „die Nation als Verbindung freier Bürger wichtiger ist als der Nationalstaat als territoriale Einheit", daß „für die Deutschen dieses ethische Fundament heute mehr zählt als jene Definition, die die Nation einst auf Territorium und Machtstaat gründen wollte", und daß die Nation als „der Pluralismus der Kräfte und Interessen" auch das sei, was man gemeinhin abstrakt „Gesellschaft" nenne. Demzufolge könnte auch die „DDR" — also der mitteldeutsche *Teilstaat* — nach Meinung des Verfassers für sich als *Nation* bestehen, sofern sie nur das Verhältnis zu ihren Bürgern in Ordnung brächte, woran sie aber ihre diktatorische Grundstruktur hindere. Bei einer solchen Vorstellung von der Nation, die mit deren herkömmlicher Begriffsbestimmung kaum noch etwas gemein hat und in krassem Widerspruch zu Sinn und Wortlaut des Grundgesetzes und seiner Präambel steht, konnte der breite Raum, den die Ausführungen des Verfassers zur Nation und zur gemeinsamen deutschen Geschichte (die es in ihren europäischen Voraussetzungen und Auswirkungen anzunehmen gelte) in dem Aufsatz einnehmen, dessen Quintessenz nicht in Frage stellen: in ihm wird das Anliegen der deutschen Wiedervereinigung praktisch aufgegeben.

Festgehalten an der bisherigen Auffassung der Unionsparteien hat nach einem Bericht der „Welt" vom 27. Februar 1978 der damalige Präsident des Deutschen Bundestages, Prof. Carstens. Nach ihm zeugt die Forderung, wir müßten zwischen der Einheit unseres Vaterlandes und der Einheit Europas wählen, von einem Mangel an politischem und historischem Verständnis; denn der Verzicht auf die politische Vereinigung Europas würde die Wiedervereinigung nicht näher bringen, und der Verzicht auf die Einheit Deutschlands würde den Prozeß der europäischen Einigung keineswegs beschleunigen. — Diese Argumentation geht auf den Kern des Problems nicht ein: Sicher bringt ein Verzicht auf die politische Vereinigung Europas die Wiedervereinigung nicht näher (wie überhaupt der Verzicht auf Beginn oder Fortsetzung eines schädlichen Handelns für sich allein niemals mehr als eben nur den Nichteintritt, das Ausbleiben der von jenem Handeln drohenden oder mit ihm verbundenen nachteiligen Folgen als positive Auswirkung zeitigen kann); aber ihre Durchführung, die Schaffung eines die Bundesrepublik Deutschland einschließenden „Vereinigten (West-)Europas", würde die Wiedervereinigung unmöglich machen, so unbeirrbar man auch immer an ihr festhalten möchte. Nicht die Folgen des Verzichts sind es, die hier in Frage stehen, sondern die Folgen desjenigen Handelns, auf das um des Zieles der deutschen Einheit willen verzichtet werden muß.

V. Die Folgen des Festhaltens an der Integrationspolitik

Nun könnte man vielleicht einwenden, das Beharren von Regierung und Opposition auf dem Ziel der Schaffung eines „Vereinigen (West-)Europas" brauche uns im Hinblick auf die Wiedervereinigung deshalb nicht zu beunruhigen, weil jenes Ziel wegen der eindeutig ablehnenden Haltung Frankreichs und Englands ohnehin in absehbarer Zeit nicht verwirklicht werden könne. Die letztere Feststellung, darüber haben maßgebende Persönlichkeiten und Kreise in beiden Ländern keinen Zweifel gelassen, ist in der Tat richtig. Keines dieser Länder ist derzeit bereit, auf seine Souveränität zugunsten „Europas" zu verzichten. Ja, Frankreich ist selbst an der „Europäischen Gemeinschaft", der Brüsseler Organisation, im Grunde nur insofern interessiert, als diese die Bundesrepublik bindet und damit dem französischen Interesse entgegenkommt, daß jegliche, selbst die zaghaftesten Schritte in Richtung auf Deutschlands Wiedervereinigung unterbleiben (vgl. die schriftliche Stellungnahme des Professors Dahrendorf für den Bundestagsausschuß für innerdeutsche Beziehungen, 8. Wahlperiode, Ausschußdrucksache Nr. 23, S. 11: dieses letztgenannte, in seiner „Intensität" von dem Gutachter „sehr hoch eingeschätzte" Interesse „könnte zureichen, um Frankreich an der Europäischen Gemeinschaft interessiert zu halten, solange diese die Bundesrepublik integriert."[6])!

Gleichwohl ist es in unserer Lage dringend geboten, daß auch die deutsche Politik auf die Linie Frankreichs und Englands, d.h. auf die Linie des „Europas der Vaterländer", einschwenkt, anstatt weiter, unbekümmert um die Folgen, in eine Falle hineinzudrängen, die zu unserem Glück verschlossen ist. Denn einmal liegt es nicht außerhalb des Bereichs der Möglichkeit, daß sich die Haltung der genannten Westmächte in der Zukunft irgendwann doch einmal ändern könnte, und zwar gerade dann (und aus eben diesem Grunde), wenn sich eine Chance für die Wiedervereinigung abzeichnen sollte. Sodann ist, wie oben dargelegt, schon angesichts der sowjetischen Interessenlage jegliches Bemühen um die Wiedervereinigung Deutschlands, auch in einer vielleicht einmal günstigeren politischen Konstellation als der heutigen, zum Scheitern verurteilt, solange wir auch nur an dem *Ziel* der Westintegration der Bundesrepublik und damit an deren einseitiger Bindung an den Westen als an einem sozusagen unabänderlichen Grundsatz festhalten. Je länger aber die Trennung währt — der Verlauf der deutschen Geschichte bietet dafür warnende und mahnende Beispiele —, um so größer werden die Schwierigkeiten, sie zu beenden. Schließlich droht aber auch — und auch diese Feststellung wäre, ebenso wie die beiden vorigen, für sich schon hinreichender Grund zur Abkehr vom bisherigen Wege — jenes supranationale Streben der Bundesrepublik, wenn ihm nicht in absehbarer Zeit Einhalt geboten wird, in seiner *psychologischen* Auswirkung den letzten Rest unseres dadurch bereits jetzt stark reduzierten Nationalgefühls und damit das Gefühl der Zusammengehörigkeit der Deutschen diesseits und jenseits der Zonengrenze zu ersticken. Die Bewahrung dieses Zusammengehörigkeitsgefühls ist und bleibt aber eine wesentliche Voraussetzung für das Beharren aller Deutschen auf Wiedervereinigung in *einem* Staat. Schon heute nimmt in den Gemütern vieler Deutscher in der Bundesrepublik der Gedanke an den erstrebten Zusammenschluß *Westeuropas,* also einen Zusammenschluß ohne die Deutschen jenseits der Demarkationslinie, weit größeren Raum ein als das immer mehr in den Hintergrund tretende Anliegen der Wiedervereinigung *Deutschlands.* Ist nicht diese Entwicklung, die wohl in keinem anderen europäischen Lande in einer vergleichbaren Lage vorstellbar wäre, ein Alarmzeichen, das ernstlich zu denken geben müßte?

Aber wie viele von uns mögen dies noch empfinden, wenn die Regierung selbst — und das gleiche gilt für die Opposition — sich eben jene Einstellung seit Jahr und Tag offen zu eigen macht? So erklärte bereits am 27. Februar 1973 im Pressedienst seiner Partei der Bundesminster für innerdeutsche Beziehungen, Franke:

„Seit den Anfängen unseres Staates räumen wir der äußeren Sicherheit unserer demokratischen Ordnung und der westeuropäischen Integration Vorrang vor der staatlichen Einheit ein ... unsere Westpolitik diente und dient der Selbsterhaltung und Wohlfahrt unseres demokratischen Staates. Als Wiedervereinigungspolitik hat sie sich nicht erwiesen. Wir können und wollen uns aus unseren europäischen Verflechtungen nicht mehr lösen, ja wir sind bestrebt, diese immer enger zu gestalten. Ähnliches gilt für die DDR. Die europäische und deutsche Wirklichkeit unserer Tage nimmt diese Lage als Basis für eine Politik der partiellen Zusammenarbeit."

Wenn in dieser Erklärung die Bundesrepublik und das Ost-Berliner Regime mit Bezug auf das konkrete Thema ausdrücklich in eine Parallele zueinander gestellt wurden, so lag in der Tat der gleiche Gedankengang bereits einer Äußerung des SED-Chefs Honecker in einem Interview mit der „New York Times" vom 23. November 1972 zugrunde. In ihm erklärte Honecker zur Möglichkeit einer Wiedervereinigung:

„Soweit ich sehe, taucht diese Frage überhaupt nicht auf. Die DDR wird sich weiterhin auf sozialistischer Basis als untrennbarer Teil der sozialistischen Gemeinschaft entwickeln. Dagegen betont nicht nur die gegenwärtige Regierung in Bonn, sondern auch deren Opposition die Notwendigkeit der westdeutschen Bindung an die westliche Allianz."

Es ist sicherlich kein Zufall, daß in beiden Äußerungen die einander ausschließende Wechselwirkung von Integration und Wiedervereinigung gleichermaßen zum Ausdruck kommt. Aber ist es nicht leider auch symptomatisch für die Geisteshaltung weiter Kreise in Deutschland, daß trotz der klaren Erkenntnis dieser Unvereinbarkeit hier wie dort der Integration unbekümmert der Vorrang gegeben wird? Der Staatssekretär eines Bundesministeriums bezeichnete es im August 1973 geradezu als wesentlichen Vorzug der deutschen Ostpolitik, nur positive Konsequenzen für die europäische Integration gehabt zu haben; die europäische Union sei erst dadurch möglich geworden, „daß wir eine realistische Politik gegenüber Polen betreiben ... und daß wir den zweiten deutschen Staat anerkannt haben."

Daß eine Einstellung, wie sie hier gekennzeichnet wurde, in ihrer letzten Konsequenz eine Absage an die Wiedervereinigung zugunsten der Integration bedeutet und psychologisch entsprechend wirkt, kann selbst dann nicht zweifelhaft sein, wenn sie, wie dies mitunter geschieht, mit der Forderung nach einer „Überwindung der Teilung" oder ähnlichen Wendungen verbunden ist. So erklärte am 17. Juni 1969 der damalige FDP-Vorsitzende Scheel in einer Rede zum „Bericht über die Lage der Nation im geteilten Deutschland":

„Die Bundesregierung — das geht aus dem Bericht hervor — verfolgt nicht die Illusion, daß die Wiedervereinigung Deutschlands in dieser Zeit in einem Nationalstaat möglich wäre, sondern sie verfolgt und unterstützt eine europäische Lösung. Wir sind ganz dieser Meinung. Aber ich möchte doch einmal erwähnen, daß europäische Lösung nicht heißen kann: westeuropäische Lösung — damit lösen wir nicht die Probleme dieser Nation —, sondern europäische Lösung heißt, *den jeweiligen Integrationsprozeß in den beiden Teilen Europas als Grundlage nehmend,* auch dafür zu sorgen, daß die Voraussetzungen für mehr Kooperationsmöglichkeiten zwischen den beiden Teilen Deutschlands gefördert werden. Das Interesse der Nation fordert von uns, jede Möglichkeit wahrzunehmen, die auf dem Wege der Überwindung der Teilung unseres Volkes aussichtsreich oder gar nur erwähnenswert erscheint."

Hier konnte das Wort von der „Überwindung der Teilung unseres Volkes" wie auch der Hinweis auf das „Interesse der Nation" die Bereitschaft nicht verdecken, die stetige Verfestigung der deutschen Teilung durch den Integrationsprozeß hüben und drüben und damit eben letzlich die Teilung selbst als Grundlage der anzustrebenden „europäischen Lösung" der deutschen Frage zu akzeptieren. Mochte diese Lösung dann auch, wie aus einer anderen Stelle der Rede zu schließen war, nur als Regelung für eine Übergangszeit gedacht sein, die lediglich bis zum Zeitpunkt eines durch internationale Verhandlungen ermöglichten „Wiederbeieinanderseins" — „unter welcher staatsrechtlichen Dachkonstruktion auch immer" — gelten sollte, ein „Wiederbeieinandersein", das diesen Namen verdiente und nicht nur in einer gekünstelten Konstruktion theoretischen Ausdruck fände, wäre, wenn einmal der Integrationsprozeß in beiden Teilen Europas ein bestimmtes Stadium erreicht hätte, gar nicht mehr möglich; die Wiedervereinigung somit nach dieser „europäischen Lösung" nicht nur „in dieser Zeit", sondern ebenso in der Zukunft ausgeschlossen. Es bliebe mithin bestenfalls bei der angestrebten Kooperation, also einem Verhältnis, wie es grundsätzlich zu jedem dritten Staat möglich ist! — Der Gedanke aber, daß es unter den obwaltenden Umständen vom deutschen Standpunkt aus geboten sein könne, dem Integrationsprozeß jedenfalls in der Bundesrepublik keinen weiteren Fortgang mehr zu geben, ist den Befürwortern der Lösung augenscheinlich nicht einmal als eine auch nur des Erwägens werte Überlegung in den Sinn gekommen.

Und in diesem Zusammenhang noch eine weitere Bemerkung: In dem Brief zur deutschen Einheit vom 12.8.1970 hat die Bundesregierung zum Ausdruck gebracht, daß sie an dem Ziel festhalte, „auf einen Zustand des Friedens in Europa hinzuwirken, in dem das deutsche Volk in freier Selbstbestimmung seine Einheit wiedererlangt." Damit hat sie zwar gesagt, daß nach ihrer Erwartung die Voraussetzungen für die Wiederherstellung der deutschen Einheit erst in einem *künftigen* Zeitpunkt gegeben sein werden. Der Sinn des Briefes würde jedoch in sein Gegenteil verkehrt, wenn er deswegen in der Praxis schließlich nur eine Art Alibi bliebe, unter dessen Deckung sich die deutsche Politik in ihrem jeweils *gegenwärtigen* Handeln von ihrer vornehmsten und wichtigsten Verpflichtung, dem Gebot größtmöglicher Förderung unseres gesamtdeutschen Anliegens — das die Pflicht, es vor jeglicher Beeinträchtigung zu schützen, in sich schließt —, entbunden fühlen könnte. Gerade diesen Eindruck aber erweckt sie, erwecken Regierung und Opposition in fataler Weise mit allen sich daraus in psychologischer Hinsicht ergebenden Folgen, wenn beide ungeachtet der ihnen spätestens offiziell durch Professor Dahrendorf vermittelten Aufklärung darin fortfahren, die europäische Einigung, den Zusammenschluß der westeuropäischen Staaten zu einer „Europäischen Union", anzustreben und sogar als vorrangiges Ziel der deutschen Politik zu betrachten. Ein solches Verhalten kann selbstverständlich auch nicht mit der mitunter geäußerten Erwägung gerechtfertigt werden, da die Wiedervereinigung Deutschlands in absehbarer Zeit ohnehin nicht erreicht werden könne, hieße es der Sowjetunion einen doppelten Tribut entrichten, wenn wir jetzt auch noch auf die Integration verzichten wollten. Dieses Argument läßt völlig außer acht, daß die Westintegration der Bundesrepublik die Wiedervereinigung Deutschlands nicht nur für absehbare Zeit, sondern überhaupt unmöglich machen würde.

Daß dem Westen die psychologische Auswirkung der Integrationspolitik auf unser gesamtdeutsches Anliegen keineswegs unwillkommen ist, brachte ein „Times"-Artikel über Europa vom August 1969 unverblümt mit der Feststellung zum Ausdruck, es sei immer das eigentliche Ziel der europäischen Bewegung gewesen, dem deutschen Volk eine neue geistige und politische Heimat zu geben: damit konnte nach Lage der Dinge nur der in Westdeutschland lebende Teil des deutschen Volkes angesprochen sein. Und den gleichen Gedanken hatte mit noch schärferem Akzent schon die bekannte italienische Zeitung „La Stampa" in ihrem Leitartikel vom 8. Juli 1964 geäußert: sie warf de Gaulle vor, er habe durch seine Politik gegen die supranationale Integrierung Europas den zahlreichen Deutschen, die in Eruopa ein neues *Vaterland* gesucht hätten, diese *Alternative* verbaut; es sei deshalb nicht zu verwundern, wenn freilich auch nicht allein die Schuld (!) de Gaulle's, daß nach einer Periode relativer Vergessenheit die Idee der deutschen Wiedervereinigung wieder lebendig werde. Zeigten nicht diese offenen Eingeständnisse, daß das Ziel der europäischen Bewegung, wie es hier gekennzeichnet wird, niemals auch das unsere sein kann, wenn wir nicht unsere nationalen Anliegen und mit ihnen Deutschland aufgeben wollen?

Tatsächlich haben wir Deutschen in der Bundesrepublik mit dem Streben nach Aufgehen dieses westlichen Teils unseres Vaterlandes in einer übernationalen Europäischen Union unbewußt einem Rezept Vorschub geleistet, das kein Geringerer als schon Napoleon in der Zeit seiner Herrschaft über Deutschland ersonnen hatte, um die Deutschen in den Rheinbundstaaten an der Entfaltung politischen Selbstbewußtseins zu hindern und sie so leichter regieren zu können. Er hatte die Weisung gegeben, daß es eine der wichtigsten Aufgaben der Verwaltung in diesen Staaten sei, die Deutschen dort ihrer Vergangenheit, ihrem Heimatlande Deutschland zu entfremden, „dépayser l'esprit allemand". Dies hatte er in einem Schreiben vom 20. Mai 1810 an seinen Bruder Ludwig, den König von Holland, ausdrücklich als „le premier but de ma politique" bezeichnet. In ihm erklärte er, daß er unter eben diesem Gesichtspunkt Hamburg, Osnabrück und einen Teil von Norddeutschland Holland angegliedert hätte, wenn ihn nicht die zu wenig auf Frankreich gerichtete Einstellung seines Bruders davon abgehalten hätte. Tatsächlich wurden dann wenige Monate später durch ein Dekret des Kaisers vom Dezember 1810 neben Osnabrück und Hamburg die deutschen Nordseeküste in ihrer ganzen Länge, ferner u.a. auch Oldenburg und selbst Lübeck dem französischen Empire einverleibt. Ist es bloßer Zufall, daß ein französischer Staatsmann unserer Zeit auf die Frage „Was sollen die Deutschen tun, wenn sie Berlin nicht mehr haben?" geantwortet hat: „Dann werden sie " — d.h. also die *West*deutschen — „Paris haben"?

Kennzeichnend für die hohe Bedeutung, die gerade Frankreich von jeher der Mitwirkung der Deutschen selbst an der Verwirklichung seiner deutschlandpolitischen Zielsetzung beigemessen hat, sind auch Äußerungen, die kurz nach Ausbruch des ersten Weltkriegs der damalige französische Außenminister Delcassé gegenüber dem russischen Botschafter Iswolski über die französischen Kriegsziele machte. Laut dessen Bericht vom 30. September/13. Oktober 1914 erklärte Delcassé damals, „das Hauptziel Frankreichs — und darin seien alle drei verbündeten Mächte solidarisch —" sei „die Vernichtung des Deutschen Reiches und die möglichste Schwächung der militärischen und politischen Macht Preußens. Es sei notwendig, es so einzurichten, daß die einzelnen deutschen Staaten daran selbst interessiert sein werden." Die Erfüllung dieses Wunsches ist nach der deutschen Niederlage im November 1918 an der Standfestigkeit und dem Patriotismus der deutschen Einzelstaaten wie auch der in der Weimarer Nationalversammlung vertretenen Parteien gescheitert. Die Bundesrepublik, die den verpflichtenden Namen Deutschland trägt, sollte sich an dieser Haltung ein Beispiel nehmen. Tatsächlich scheint sie jedoch ihr ganzes Sinnen und Trachten auf das Ziel zu richten, daß das Deutsche Reich — das nach der Rechtsprechung des Bundesverfassungsgerichts fortbesteht — baldmöglichst ein für allemal der Vergangenheit angehört. So erklärte der CDU-Vorsitzende Kohl am 3. Dezember 1981 im Deutschen Bundestag unter dem Beifall der CDU/CSU-Fraktion: „Es fehlt heute nicht an Stimmen, die den Mitbürgern einreden wollen, ... die vereinigten Staaten von Europa, die politische Einigung Europas seien keine Themen mehr für die junge Generation. Ich finde, das ist eine verräterisch durchsichtige Zweckbehauptung, und sie kann nur von Leuten kommen, die entweder den Rückfall in das sterile Denken des Nationalstaats des 19. Jahrhunderts wollen oder auf dem Weg zu einer ganz anderen Republik sind. Beides ist nicht unsere Politik. Es gibt kein Zurück zum *Nationalstaat* Otto von Bismarcks; dieser Nationalstaat kommt nie wieder. Darüber müssen wir uns gerade im geteilten Deutschland einig sein."

VI. Rückblick und Ausblick

Der langjährige Chefredakteur des „Berliner Tageblatts" Theodor Wolff hat in einer noch heute lesenswerten Untersuchung der deutschen Politik vor dem ersten Weltkrieg[7] geschrieben: „Es ist immer wieder erschreckend zu sehen, wie wenige Politiker sich eine Vorstellung von der psychologischen Wirkung ihrer Handlungen machen und sich in die Lage des Gegners hineindenken können, und wie viele dem Narzissus gleichen, der in die verliebte Betrachtung des eigenen Bildes versunken ist. ... Es ist nicht minder erschreckend, zu beobachten, wie wenige dieser Politiker die Fähigkeit oder auch nur den energischen Willen haben, eine diplomatische Aktion bis zum letzten Ende und in all ihren Möglichkeiten zu überdenken, bevor sie beginnt. Hier lag die Größe Bismarcks, hier hat das nachfolgende Geschlecht ... vollkommen versagt. Vom hohen Sockel herab prüfte der Alte sorgfältig das internationale Terrain und wog mit seiner genauen Kenntnis der fremden Staaten, der fremden Staatsmänner und der politischen Beziehungen das Für und Wider, die Chancen und das Risiko ab." An diese Worte könnte man denken, wenn man sich die Frage vorlegt, wie es dazu kommen konnte, daß die deutschlandpolitische Entwicklung bei uns einen so beklagenswerten Verlauf genommen hat. Sie könnten in der Tat eine Erklärung dafür sein, daß man ernstlich geglaubt haben mag, mit dem Rezept der Westintegration der Bundesrepublik jemals zur Wiedervereinigung Deutschlands gelangen zu können. Einem Rezept, das auf reinen Wunschvorstellungen beruhte, einem künstlich konstruierten, sozusagen befohlenen Geschehensablauf, dem die Wirklichkeit niemals gefolgt ist und dem sie bei nüchterner Betrachtung auch niemals folgen konnte. Dabei gebe ich der Möglichkeit, daß man, daß zumindest der eine oder andere der Verantwortlichen, in Wahrheit an die Wirksamkeit des Rezepts vielleicht gar nicht geglaubt haben mag, in meinen Überlegungen bewußt keinen Raum. Hat man aber wirklich dort, wo die Entscheidungen getroffen wurden, daran geglaubt, so muß man der deutschen Politik zugleich den Vorwurf machen, daß sie dann infolge ihrer grundlegend fehlerhaften Einschätzung der Lage tatsächlich zwei Ziele verfolgt hat, von denen das eine — die Westintegration — das andere — die Wiedervereinigung — mit Notwendigkeit ausschloß; etwas, wofür der Historiker Johannes Haller die bitteren Worte gefunden hat: „Auch die schlechteste Politik wird nie so verhängnisvolle Folgen zeitigen... wie die gleichzeitige Verfolgung verschiedener Ziele, die einander ausschließen." Zu dieser Feststellung sah sich der Historiker in einer kritischen Auseinandersetzung mit der Politik des Fürsten Bülow veranlaßt, dem er jenes fehlerhafte Verhalten in mehreren konkreten Fällen nachweisen konnte. Demgegenüber fällt in unserem Falle, d.h. bei der Beurteilung der Deutschland-Politik der Bundesrepublik Deutschland, noch erschwerend ins Gewicht, daß das Ziel, das auf solche Weise unerreichbar bleiben mußte, nicht etwa nur einen mehr oder weniger wichtigen Einzelaspekt im Rahmen der Gesamtpolitik betraf, sondern daß es sich hier um das *Hauptanliegen der deutschen Nation* handelte, um das Ziel, das allein die Gründung eines westdeutschen Teilstaates hatte rechtfertigen können. Und noch schwerer fast wiegt unter diesen Umständen, daß man die Integrationspolitik fortsetzte, nachdem bereits evident geworden war, daß man damit der deutschen Wiedervereinigung um keinen Schritt näher kam, sondern sich im Gegenteil immer weiter von diesem Ziel entfernte. Und daß man — hier erübrigt sich jedes Werturteil, und es fällt schwer, gewisse naheliegende Schlußfolgerungen nicht zu ziehen — selbst heute noch an dieser Politik festhält, obwohl seit der Anhörung des Professors Dahrendorf durch den Bundestagsausschuß bei den politisch Verantwortlichen nicht der geringste Zweifel nehr über die absolute Unvereinbarkeit beider Zielsetzungen bestehen kann, jedenfalls nicht mehr bestehen darf! Diese Feststellung, die Tatsache, daß es unter den gewählten Vertretern des deutschen Volkes im freien Teil unseres Vaterlandes augenscheinlich nicht auch nur einen einzigen Abgeordneten gibt, der hier seine warnende Stimme erhöbe, beleuchtet besser als alles andere, wie weit unter der Einwirkung der „übergreifenden europäischen Ordnungsidee" (CSU-Vorsitzender Strauß am 25.7.1975) der Wandel der Anschauungen bei uns bereits gediehen ist. Er hat dazu geführt, daß der langjährige Vertreter der Bundesrepublik Deutschland in Ost-Berlin, Staatssekretär Gaus, in einem Interview mit der Wochenzeitung „Die Zeit" vom 30.1.1981 allen Ernstes erklären konnte, „wir müßten möglicherweise sogar darauf verzichten, den Begriff der *Nation* weiter zu verwenden, da er in der „DDR" Anstoß erregen könnte! Zwar hatte unter den Überlegungen, die der Staatssekretär im Zusammenhang mit dieser — noch in vorsichtiger Formulierung vorgebrachten — Forderung anstellte, unser auch von ihm als „schwärmerisch" kritisiertes Betreiben der westeuropäischen Einigung nicht im Vordergrund gestanden. Doch wäre eine derartige Forderung, die von Regierung und Opposition entschieden abgelehnt wurde, gar nicht denkbar gewesen, wenn nicht eben dieses unser Integrationsstreben bereits eine so empfindliche Schrumpfung unseres *Nationalgefühls* herbeigeführt hätte. Der SPD-Politiker und frühere Bundesminister Bahr brachte denn auch diesen Zusammenhang in einem kurz darauf an den Staatssekretär gerichteten offenen Brief zum Ausdruck, in dem er sich gegen die „Pharisäer" wandte, „die nach Osten die Fahne der Nation und nach Westen das Banner der Integration entrollen, als ob nicht in unserer praktischen Politik die europäische Zusammenarbeit längst den Vorrang erhalten hätte."

Trotz all diesem: Noch ist Deutschland nicht verloren!
Wie Professor Dahrendorf in seinem Gutachten für den Deutschen Bundestag dargetan hat, ist bisher im europäischen Einigungsprozeß nichts geschehen, was den Spielraum der Bundesrepublik unwiderruflich begrenzte. Man könne, so schreibt er, sogar eine Tendenz in Richtung auf die Erweiterung nationaler politischer Möglichkeiten feststellen. Noch ist es daher nicht zu spät, der verhängnisvollen Entwicklung, in der wir uns

befinden, Einhalt zu gebieten und die deutschen Geschicke in eine Bahn zu lenken, die uns für die Zukunft wieder hoffen läßt. Dafür ist unerläßlich, daß wir uns zuerst und vor allem des wahren Ziels wieder bewußt werden und aus der lähmenden Befangenheit unseres Europa-Strebens zu unserer eigentlichen, der *deutschen* Aufgabe zurückfinden, ja, in Wahrheit sie erstmals ernsthaft in Angriff nehmen. *Ihr* gebührt nun einmal in der derzeitigen Lage unseres Vaterlandes der absolute Vorrang gegenüber allen übrigen Bereichen der Politik, ohne daß diese deshalb in der sorgfältigen Pflege, deren sie bedürfen, zu kurz kommen müßten. Unvereinbar aber ist mit ihr, das ist das Facit dieser Untersuchung, jeder weitere Schritt in Richtung supranationaler westeuropäischer Integrierung. Und wir können es, sofern wir überhaupt noch ein nationales Gewissen haben, nicht verantworten, diese Unvereinbarkeit, wie es heute meist geschieht, einfach totzuschweigen oder mit nichtssagenden und lediglich irreführenden Deklamationen über sie hinwegzugehen, wie mit der von dem CDU-Vorsitzenden Kohl im November 1975 ausgegebenen Losung, wir wollten „über unser geteiltes Vaterland ein europäisches Dach bauen." Nicht minder eindeutige Ablehnung verdient aber auch das Bemühen derjenigen, die so nachdrücklich für das Aufgehen der Bundesrepublik in einer westeuorpäischen Union eintreten, uns dieses Europa-Streben als eine Bekundung unseres Willens zur Überwindung des nationalen Egoismus (!) zu präsentieren (so der damalige CDU-Vorsitzende Dr. Barzel am 25. Februar 1972), so daß es als ethisch geboten und damit sozusagen unangreifbar erscheinen muß — ein Streben, das unsere Landsleute jenseits der Zonengrenze auf unabsehbare Zeit weiter ihrem Schicksal überläßt, uns Westdeutschen selbst hingegen die vielgepriesenen Vorteile der „europäischen Einigung" verschaffen soll! (Nach einer Meinungsumfrage des Emnid-Instituts geht es den Westdeutschen, die für ein „Vereintes Europa" eintreten, vorrangig um einen Grenzübertritt ohne Kontrollen und freie Wahl des Wohnsitzes, „Die Welt", 13. März 1978). Nur mit schmerzlichem Bedauern über die hier an den Tag tretende mutatio rerum kann man angesichts einer solchen These an die Haltung eines Mannes wie Stresemann zurückdenken, der während des französischen Einbruchs in das Ruhrgebiet auf die an ihn im kleinen Kreise gerichtete Frage, ob es wegen der kaum mehr tragbaren finanziellen Lasten des Reichs für die Hilfe an Rhein und Ruhr nicht besser sei, um der großen Zukunft willen das Rheinland vorübergehend seinem Schicksal zu überlassen, die Antwort gab: „Wenn ein Volk einen großen Krieg verloren hat, dann kann man nicht einen Teil seinem Schicksal überlassen, und wenn es dann Leiden gibt, dann muß das Volk gemeinsam leiden"[8]. Gemeinsam leiden, Zusammenstehen eines Volkes im Leid — die Geisteshaltung, die darin den Ausdruck von nationalem Egoismus erblickt, hat der Politik der Bundesrepublik Deutschland die Richtung gewiesen. Das Resultat liegt vor uns. Es darf uns nicht verwundern.

Das hier über den Vorrang der deutschen Aufgabe Gesagte gilt naturgemäß in erster Linie für unser Verhältnis zu den westeuropäischen Ländern. Es berührt aber darüber hinaus auch das zu allen anderen. Mit Recht hat Bismarck in einer Aufzeichnung vom 9. November 1876 betont, daß es für uns ein wesentlicher Unterschied sei, „ob wir das, was wir etwa außerhalb unserer eigenen Interessen tun, in der Eigenschaft einer uns als ‚Europäern' obliegenden Verpflichtung tun, für deren Erfüllung uns niemand Dank schuldig ist, oder ob wir es tun aus Gefälligkeit für eine befreundete Macht, bei der wir auf Gegenseitigkeit zu zählen haben." Für unsere gesamte Außenpolitik muß mithin unser *deutsches* Anliegen als *das* schlechthin lebenswichtige Anliegen der Nation wieder das entscheidende Kriterium werden, so wie dies ungezählte Resolutionen des Deutschen Bundestags und der in ihm vertretenen Parteien in früheren Jahren feierlich gelobt hatten. Daß wir für seine Verwirklichung bei unseren Nachbarn, auch den westlichen, keine oder nur wenig Gegenliebe finden, kann für uns kein Hinderungsgrund sein. Politische Ziele, wie sie uns gestellt sind, lassen sich nun einmal nicht ohne Überwindung beträchtlicher Schwierigkeiten und Widerstände erreichen, auch wenn das Recht, auf das sie sich gründen, so klar und unbestreitbar ist wie das deutsche Recht auf Selbstbestimmung. Es wäre eine grundlegende Verkennung des Wesens der Außenpolitik, wollte man annehmen, daß sie ihr Augenmerk nur auf solche vermeintlichen „Erfolge" zu richten hätte, die ihr von der Gegenseite bereitwillig in den Schoß gelegt werden. Ihr eigentliches Feld, das Feld, auf dem sie sich in einer Lage wie der unseren zu bewähren hat, liegt ja gerade dort, wo sich eben Zielen von vitaler Bedeutung Ablehnung und womöglich zäher Widerstand entgegenstellen; wo es deshalb, um das harte Metall zu erweichen, staatsmännischer Erfahrung und diplomatischen Geschicks, geduldigen Ausharrens und mühevoller Kleinarbeit, nie rastender Überlegung und steter Ausschau nach etwa sich bietenden neuen Möglichkeiten, dem Ziel näher zu kommen, bedarf; dort, wo es nicht zuletzt auf kühl wägende Vernunft und eine von hohem Verantwortungsbewußtsein getragene Bereitschaft zu entschlossenem Handeln ankommt, eine Bereitschaft, die nicht schon vor jedem ausländischen Tadel erschrickt und sich, frei von aller Sucht nach Popularität und wohlfeilem Tagesruhm, weder durch menschheitsbeglückendes Pathos oder sonstige gefühlsmäßigen Anwandlungen, Sympathien oder Antipathien, noch durch parteipolitische Rücksichten oder ängstliches Schielen nach der öffentlichen Meinung in dem Willen zu nüchterner Wahrnehmung des nationalen Interesses beirren läßt; und der es deshalb niemals in den Sinn kommen könnte, den Umstand, daß sich eine vorangegangene Politik als verfehlt und schädlich erwiesen hat, als billigen Vorwand zu benutzen, um, die Hände in Unschuld gewaschen, den verderblichen Weg, den jene gegangen, selbst weiter zu beschreiten. Das in diesem Zusammenhang oft gehörte Argument, die Weichen seien nun einmal gestellt, ist hier, wo es sich um Fragen von für uns existenzieller Bedeutung handelt, völlig fehl am Platze: Welcher Zugführer würde sich durch eine Weichenstellung, die er als falsch und gefährlich erkannt hat, davon abhalten lassen, den bereits fehlgeleiteten Zug zum Halten zu bringen, solange er das anderenfalls drohende Unheil noch abwenden kann?

Keine europäische Konstellation, hat der Historiker Gerhard Ritter gesagt, ist von ewiger Dauer. Und nicht anders, können wir getrost hinzufügen, verhält es sich mit der Konstellation der Mächte und Kräfte, der Organisationen und Bündnissysteme, der geistigen Bewegungen und Strömungen, die in ihrer Gesamtheit das ergeben, was wir als die jeweilige Weltlage bezeichnen. Wir können auf die Entwicklungen, die sich hier anbahnen, und die Änderungen, zu denen sie führen, keinen oder nur geringen Einfluß nehmen. Aber es bleibt uns unbenommen und damit unsere Pflicht, sie, wo immer sich die Gelegenheit bietet, unseren Interessen nutzbar zu machen. Man hat von Bismarcks Politik mit Recht hervorgehoben, daß sie es verstand, von dem Bewußtsein der Mittellage des Staates getragen, deren Nachteile ins Positive zu wenden. Er wußte sehr wohl, daß die Stellung, die ein Staat im politischen Kräftespiel einnimmt, niemals allein auf der eigenen Kraft beruht, sondern nicht minder auf den Beziehungen, die er zu seinen Nachbarn und auch zu ferner gelegenen Ländern herzustellen und auszugestalten versteht. Ihm war aber stets bewußt, daß er keine Bindung eingehen durfte, die, über den Charaker der Anlehnung hinausgehend, seinen Staat in eine *einseitige Abhängigkeit* von einer dritten Macht oder Mächtegruppe gebracht, ihm den eigenen Spielraum genommen und ihn so zum bloßen *Objekt* der Politik degradiert hätte. Und hiermit im engsten Zusammenhang stand die weitere Erkenntnis, daß ein Staat für einen anderen Staat ein um so wichtigerer Partner sein kann, ein Partner, auf dessen Belange Rücksicht zu nehmen mithin in erhöhtem Maße angezeigt erscheint, wenn er außer zu diesem Staat auch zu dessen eventuellem Rivalen oder Gegenspieler in Beziehungen steht, denen nach Lage der Dinge für den weiteren Verlauf der politischen Entwicklung Gewicht zukommen kann. Bismarcks Nachfolger Caprivi hatte nicht so gedacht. Er hatte geglaubt, er könne sich das ihm zu kompliziert und schwierig erscheinende Spiel mit den bekannten fünf Kugeln dadurch erleichtern, daß er eine der wichtigsten von ihnen, nämlich Rußland, durch Nichterneuerung des Rückversicherungsvertrags einfach als nicht existent betrachtete. Tatsächlich erreichte er damit genau das Gegenteil. Es war schon damals eine verhängnisvolle Fehleinschätzung der Auswirkung politischen Handelns, wie sie bei Bismarck undenkbar gewesen wäre.

Natürlich läßt sich nun unsere heutige Lage mit der damaligen nicht vergleichen. Gibt es nicht aber doch gewisse politische Grundüberlegungen, die nicht an Ort und Zeit gebunden sind und sozusagen Allgemeingültigkeit haben — was selbstverständlich nicht zu hindern braucht, daß sie den jeweils gegebenen besonderen Verhältnissen Rechnung tragen? Und sollte dazu nicht auch die Erwägung gehören, daß ein Land, welches, wie heute das geteilte Deutschland, die Nachteile seiner geographischen Lage tagtäglich mit so unerbittlicher Härte zu spüren bekommt (wenn auch viele von uns Westdeutschen dafür kein Empfinden mehr haben), nicht ungestraft auf diejenigen Möglichkeiten politischen Handelns verzichten kann, die ihm auf der anderen Seite eben diese seine Lage, die Mittellage, bietet? Wenn die Deutschen im freien und jedenfalls heute noch handlungsfähigen Teil unseres Vaterlandes zu einem solchen Verzicht bereit sind — und das sind sie, wenn sie für ein Aufgehen dieses freien Teils in einem „Vereinigten Europa" eintreten —, so votieren sie damit, ob sie dies wollen oder nicht, für die Verewigung der deutschen Teilung, votieren sie also auch dafür, daß Millionen ihrer Landsleute jenseits der Demarkationslinie auf unabsehbare Zeit weiter unter kommunistischer Zwangsherrschaft leben müssen. Man mag diese Feststellungen mit dem Bemerken abtun, die ihnen zugrunde liegenden Erwägungen seien den überholten Denkkategorien des 19. Jahrhunderts oder der Weimarer Zeit entlehnt, man mag sie als Rückfall in nationalstaatliches oder gar „nationalistisches" Denken, als Befürwortung einer Schaukelpolitik oder wie sonst auch immer kritisieren — ihre Richtigkeit und ihr Gewicht werden dadurch nicht in Frage gestellt. Es sei denn, man wäre im Grunde seines Herzens bereit, Deutschland und die Deutschen jenseits der Elbe ein für allemal abzuschreiben, oder aber man gäbe sich der frommen Erwartung hin, daß unsere Nachbarn in Ost und West ihr Verhalten uns, dem geteilten Deutschland, gegenüber künftig allein nach den Geboten der Bergpredigt einrichten werden. Das eine oder das andere scheint heute allerdings in der Tat die Einstellung bzw. Überzeugung nicht weniger deutscher Politiker zu sein.

Resignation ist nach alledem für uns nicht am Platze. Ebensowenig aber andererseits eine Sorglosigkeit, die darauf vertraut, daß uns eines Tages die gebratenen Tauben in den Mund fliegen werden und unserem nationalen Anliegen der Erfolg schon deshalb beschieden sein muß und wird, weil das Recht auf unserer Seite ist. Und keinesfalls dürfen wir in eben diesem Vertrauen aufs neue in den Fehler verfallen, unserer Politik einen am grünen Tisch nach unseren Wunschvorstellungen konstruierten Geschehensablauf zugrunde zu legen, der uns zwar in der abstrakten Harmonie und moralisch-ethischen Makellosigkeit der Gedankenführung faszinieren mag, zur politischen Wirklichkeit jedoch in krassem Widerspruch steht und die Natur eines gefährlich-schädlichen Phantasiegebildes auch nicht dadurch verliert, daß man ihn als politischen Glaubenssatz verkündet.

Mit Ideologien und noch so wohlklingenden Programmen, das hat die Vergangenheit gezeigt, kommen wir in der Deutschlandfrage keinen Schritt weiter. Patentrezepte gibt es hier nicht. Nur zu oft hat sich da schon das Goethe-Wort bewahrheitet: „Man wird nie betrogen, man betrügt sich selbst." Worauf es heute entscheidend ankommt, ist zunächst und vor allem die Wiederbelebung unseres Einheitswillens und dessen Registrierung durch unsere Nachbarn in Ost und West als eine durch keinen Zeitablauf aus der Welt zu schaffende Tatsache. Beides sind unerläßliche Voraussetzungen für einen schließlichen Erfolg unseres Anliegens. Sie lassen andererseits diesen Erfolg aber auch erhoffen. In einer Analyse der „Times" vom August 1976 hieß es: „Natürlich hält momentan niemand eine vollständige Wiedervereinigung für realistisch. Aber wenn die nächste deutsche Regierung den Eindruck vermitteln könnte, ihr Wiedervereinigungsinteresse sei ernsthaft und weniger rhetorisch und daß der Wiedervereinigung zuliebe auf die Durchsetzung anderer Interessen verzichtet werden könnte, könnte dies eine Kette von unumkehrbaren Konsequenzen mit sich bringen." Und ganz ähnlich schrieb dasselbe Blatt im Mai 1978 anläßlich des Breschnew-Besuchs in Bonn: „Die meisten Europäer fühlen sich wohler mit zwei deutschen Staaten und hoffen nur, daß sie friedlich zusammenleben. Aber falls dieses Arrangement nicht von der Bevölkerung und den Regierungen der beiden deutschen Staaten voll akzeptiert wird, wird es eine wunde Stelle im Herzen Europas bleiben und die andauernde Präsenz einer großen Anzahl ausländischer Soldaten auf beiden Seiten erfordern. Und dann werden an einem bestimmten Punkt die Leute zu fragen beginnen, ob nicht ein anderes Arrangement zu bevorzugen sei."

Bismarck konnte vor dem Deutschen Reichstag am 24.2.1881 im Rückblick auf sein Werk von sich sagen:

„Für mich hat immer nur ein einziger Kompaß, ein einziger Polarstern, nach dem ich steuere, bestanden: Salus publica. Ich habe von Anfang meiner Tätigkeit an vielleicht oft rasch und unbesonnen gehandelt, aber wenn ich Zeit hatte, darüber nachzudenken, mich immer der Frage untergeordnet: Was ist für mein Vaterland, ... was ist für die deutsche Nation das Nützliche, das Zweckmäßige, das Richtige? Doktrinär bin ich in meinem Leben nicht gewesen; alle Systeme, durch die die Parteien sich getrennt und gebunden fühlen, kommen für mich in zweiter Linie; in erster Linie kommt die Nation, ihre Stellung nach außen, ihre Selbständigkeit, unsere Organisation in der Weise, daß wir als große Nation in der Welt frei atmen können.

Alles, was nachher folgen mag, ..., ich gestehe ganz offen, das kommt mir in zweiter Linie, das ist ein Luxus der Einrichtung, der an der Zeit ist, nachdem das Haus fest gebaut dasteht. ...Aber von dem Bau des Deutschen Reiches, von der Einigkeit der deutschen Nation, da verlange ich, daß sie fest und sturmfrei dastehe...; seiner Schöpfung und Konsolidation habe ich meine ganze politische Tätigkeit vom ersten Augenblick, wo sie begann, untergeordnet, und wenn Sie mir einen einzigen Moment zeigen, wo ich nicht nach dieser Richtung der Magnetnadel gesteuert habe, so können Sie mir vielleicht nachweisen, daß ich geirrt habe, aber nicht nachweisen, daß ich das nationale Ziel einen Augenblick aus den Augen verloren habe."

Diese Worte wurden vor mehr als 100 Jahren gesprochen. Die Maximen aber, die in ihnen Ausdruck fanden, sind an keine Zeit gebunden. In ihnen liegt das deutsche Schicksal, das Schicksal der Gesamtnation und nicht nur der Bundesrepublik, auch heute, ungeachtet aller inzwischen eingetretenen Wandlungen, beschlossen. Denn nur wenn wir *sie* beherzigen, nur wenn *sie* wieder das Handeln der politisch Verantwortlichen im freien Teil unseres Vaterlandes bestimmen, werden wir das nationale Ziel, wie es im Grundgesetz und insbesondere in dessen Präambel verankert ist, erreichen können, wie beschwerlich und entsagungsvoll der Weg dorthin auch immer sein mag. Und damit werden wir zugleich der Sache Europas den größten Dienst erwiesen haben, den wir ihr als Deutsche und Europäer erweisen können.

Anmerkungen

1) Heimpel, zitiert nach Hölzle, Die Selbstentmachtung Europas, Göttingen, 1975, S. 29.
2) s. dazu Hölzle ebda, S. 28.
3) C. Schmid, zitiert nach Erdmenger:
   Das folgenschwere Mißverständnis, Freiburg im Breisgau, 1967, S. 91.
4) Der französiche Publizist und Staatsmann Alexis de Tocqueville (1805-1859) schrieb in seinen Erinnerungen: „Es ist eine alte Tradition unserer Diplomatie, daß wir danach trachten müssen, daß Deutschland in eine Vielzahl unabhängiger Mächte geteilt bleibt." Seine persönliche Meinung, daß Frankreich im eigenen Interesse gut daran täte, diese alte Maxime aufzugeben, blieb auf die Politik des Landes ohne Einfluß.
5) Krone: Aufzeichnungen zur Deutschland- und Ostpolitik In: Adenauerstudien, hg. R. Morsey u. K. Repgen, Bd. III, Mainz 1974, S. 151.
6) S. ferner auch den Artikel „Gespinste um Deutschland" der „Neuen Zürcher Zeitung" vom 17. März 1979, wonach im französischen Europawahlkampf die Anhänger Giscard d'Estaings auf die Befürchtung der Gaullisten vor einer künftigen Vorherrschaft der Deutschen innerhalb der Europäischen Gemeinschaft mit der Warnung antworteten, eine nicht in die EG eingebundene Bundesrepublik könnte eines Tages die Wiedervereinigung erreichen — wobei sie auf aktuelle Anzeichen verwiesen — und dann Frankreich als Koloß gegenübertreten, den es noch viel mehr zu fürchten hätte.
7) Theodor Wolff: Der Krieg des Pontius Pilatus, Verlag Oprecht & Helbling, Zürich, 1934, S. 439 f.
8) Paul Sethe, Die Großen Entscheidungen, Frankfurt, 1958, S. 129.

Armin Mohler

Wider die All-Gemeinheiten

1

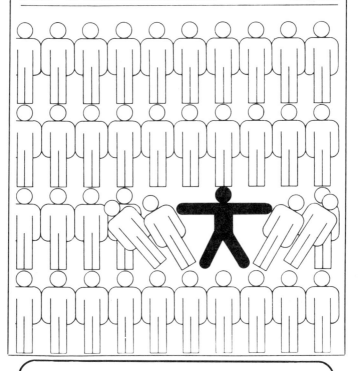

144 Seiten · Paperback · DM **16,80**

SINUS-Verlag · Krefeld

vereinigt mit „konservativ-heute"

informativ — anregend — umfassend

Seit 1970 sichtet die von C. v. Schrenck-Notzing, Armin Mohler und Prof. Motschmann redigierte Zweimonatszeitschrift das Zeitgeschehen und sammelt eine Fülle von Hintergrundinformationen aus Politik und Publizistik, Wissenschaft und Philosophie. „National Review" (New York) urteilte: „CRITICÓN ist wohl der hellste Stern am Firmament der konservativen Publizistik. Es ist völlig international in Reichweite und Tonlage. Es ist zugleich sarkastisch und eminent kultiviert, tiefgründig und pamphletistisch. Es ist ein (d a s ?) Organ der ‚Konservativen Internationale'."

O   Ich bestelle eine Probenummer gratis   SI

O   ich abonniere ab sofort

O   ab Jahrgang 19..........

....

....

....

(Bitte Druckschrift)

Criticon-Verlag, Promenadeplatz 9, 8000 München 2